光润心灵 伟岸潜行

—— 行为文化照亮学生前行之路

罗光伟 著

吉林出版集团股份有限公司

图书在版编目（CIP）数据

光润心灵 伟岸潜行：行为文化照亮学生前行之路 / 罗光伟著. -- 长春：吉林出版集团股份有限公司，2019.7
 ISBN 978-7-5581-7485-8

Ⅰ．①光… Ⅱ．①罗… Ⅲ．①中学生－道德修养－研究 Ⅳ．①G631.6

中国版本图书馆CIP数据核字(2019)第145624号

书　　名：光润心灵　伟岸潜行：行为文化照亮学生前行之路
作　　者/罗光伟 著
责任编辑/蔡宏浩
责任校对/朱进
封面设计/姜薇
开　　本/787mm×1092mm　1/16
字　　数/300千字
印　　张/13.25
版　　次/2019年7月第1版
印　　次/2021年1月第2次印刷

出　版/吉林出版集团股份有限公司（长春市人民大街4646号）
发　行/吉林音像出版社有限责任公司
地　址/长春市福祉大路5788号
电　话/0431-81629674
印　刷/长春市博美图文印业有限公司

ISBN 978-7-5581-7485-8　　　　　　　　　　定　价：58.00元

作者简介

罗光伟，衡阳市一中党委书记，中央教科所德育研究中心"九五"国家级重点课题《整体构建学校德育体系》研究与实验员，全国教育科学"十一五"规划教育部重点课题《资源共享体系中的关键技术研究》及《中小学全效学习方案研究与实验》专项课题专家组成员，湖南省教育科学"十二五"重点课题《核心价值观视野下高中学生行为文化构建》主持人并获湖南省第四届基础教育成果二等奖，湖南省第二届教育督导评估专家，湖南省示范性普通高中网络督导评估专家，市学雷锋标兵、市优秀领导干部、市优秀政研干部、市"十佳中学思想政治工作者"、市优秀团干、优秀德育工作者、市优秀共产党员、模范共产党员、市优秀教师、优秀校长、首届全国中小学心理健康教育 TOPTEN（十佳）校长、全国青少年五好小公民"复兴中华，从我做起"主题教育活动优秀工作者、全国优秀楹联教师。

序

少年智则国智，少年强则国强。高中生是国家的希望和未来，他们的行为举止与道德品质直接关系到学校教育的成功与否，直接关系到中国公民素质高低，直接决定着国家的命运。

学子们举止优雅、言谈得体、人性优美、向善向真……这是教育者育人的理想境界。光伟先生身体力行、孜孜以求，奋力营造这种理想境界。

"要把学生培养成怎样的人？"这是教育者首先要深思的问题。然而在升学压力之下，在分数效应不断发酵之下，不少教育者迷失了教育的方向，着力于把学生培养成一台一台的考试机器，学校成了加工厂，教室成了流水线，有识之士无不大声疾呼，这是教育的危机，这是教育的死胡同。

党的十九大报告提出：社会主义核心价值观是当代中国精神的集中体现，凝结着全体人民共同的价值追求。要以培养担当民族复兴大任的时代新人为着眼点……把社会主义核心价值观融入社会发展各方面，转化为人们的情感认同和行为习惯；核心价值观是文化的组成部分，其培育和践行更需要文化的支撑。文化从根本上来说，就是人类所追求的最美好的价值和情感，明确教育的首要任务是立德树人，研究学生行为文化的构建恰恰是紧紧围绕这一首要任务。行为既是一种实践，也是一种文化。行动文化有不同的形态，暴力体现的是强权文化，礼让体现的是和谐文化。守法、善行和高尚等构成了行为的不同层次，反映的是价值观的分层要求。所谓的明大德、守公德、严私德即是核心价值观在行为上的基本要求。倡导积极健康的文明行为对引领社会风尚，践行社会主义核心价值观具有重要意义。行为文化是价值观念的外化，表现为行为规范等，研究与探索学生行为文化的构建是一项树人的工作，是非功利的教育研究，这是让学生走向生命美好、丰盈的地方，这是学校教育的温暖，这是教育的幸事。成人比成才更重要，教育不可能让每一个学生得到高分，但是教育可以让每一个学生"成人"，让学生"成人"的教育才是真正的成功教育。

行为文化构建的核心点在哪儿？光伟先生的定位非常精准，聚焦于社会主义核心价值观。习近平总书记"五四"青年节在北大考察时说："核心价值观，其实就是一种德，既是个人的德，也是一种大德，就是国家的德、社会的德。国无德不兴，人无德不立。""道德之于个人、之于社会，都具有基础性意义，做人做事第一位的是崇德修身。这就是我的用人标准为什么是德才兼备、以德为先，因为德是首要、是方向，一个人只有明大德、守公德、严私德，其才方能用得其所。"面对世界范围思想文化交流交融交锋形势下价值观较量的新态势，面对改革开放和发展社会主义市场经济条件下思想意识多元多样多变的新特点，正处于成长期的学生的行为文化很容易受到方方面面的影响，以社会主义核心价值观为支柱，既明确了方向，又激发了学生的精气神。

难能可贵的是，光伟先生的研究不是停留在理论层面的探索，而是在衡阳市一中那一方教育热土上躬行，是以构建核心价值观视野下高中学生行为文化为课题，以社会主义核心价值观为指导，结合高中学生生理、心理特点，营造高中学生行为文化。高中学生行为文化包含自由、民主、平等的课堂行为文化；生动、和谐、友善的课外行为文化；法治、诚信、公正的德育行为文化和爱国、奉献、文明的社会实践文化。学校通过持久地、反复抓，利用课堂教学融入社会主义核心价值观，在师生工作、学习、生活全过程中渗透核心价值观，通过课题研究并实践，把社会主义核心价值观的要求日常化、具体化、生活化，使其内化于心、外化于行，成为全校的群体意识和共同行为指南。促进了学校教育的发展，丰富了校园文化的内涵。

光伟先生的研究与探索让我看到了一位教育实践者的大爱与情怀。

愿核心价值观视野下的高中学生行为文化构建的实践载体在学生中，不断播下真善美的种子，让道德之雨露泽被莘莘学子，让伟岸之光照亮学生前行之路！

肖 川

自　序

行为文化让学生受益终生

高中学生行为文化是指高中学生在接受学校教育期间在学校学习、生活活动中应该具有的社会主义价值观念、思维方式、行为规范等，这种以社会主义价值观念为指导形成的行为文化是中学良好学风、校风形成的基石，是校园的"活文化"，是一个学校校园文化好坏的晴雨表，也是学校所有文化的集中体现。

行为文化到底对人有怎样的影响？

有这样一个故事：诺贝尔奖金获得者聚会于巴黎，有人向其中一位获奖者提问："你是在哪所大学学到了您认为是最主要的东西呢？"这位获奖者回答道："对于我来说，最重要的东西是在幼儿园学会的。""那么您学到了什么呢？""把自己的东西分一半给小伙伴；不是自己的东西不要拿；东西要放整齐；做错了事要表示歉意；学习要多思考；要仔细地观察大自然。从根本上说，我学到的全部东西就是这些。"这位学者的话概括起来说就是认为终生所学最重要的东西就是家长和老师给他培养的良好行为习惯。行为习惯伴随着人的一生，影响人的生活方式和个人成长的道路。行为习惯一旦养成之后,很难改变。许多人的行为习惯终其身也无法改变。俗话说"江山易改,本性难移。"这里的"本性"当然不仅仅是与生俱来的个人特质,在很大程度上,也与长期形成的习惯有关。习惯对人极为重要,从某种意义上说,"习惯是人生最大的指导",这种顽强而巨大的力量可以主宰人生。人们一旦形成良好的行为习惯,其学习、生活和工作效率便会提高,便会铸就人生的幸福、精彩。

正是出于这种对行为文化的认知与执着,依托"核心价值观视野下的高中学生行为文化的构建"课题研究,笔者决定编著此书。这里凝聚着笔者的心血,更彰显着一种实践,书中所包含的思想与时代息息相关,与课题紧密结合,体现一种理论与实践的结合。

当然,由于时间与水平有限,纰漏难免,恳请大家批评指正。

目 录

理论研究与探索

  论构建核心价值观视野下高中学生行为文化 // 1

  论校园行为文化建设与学校核心价值观的形成 // 8

  核心价值观视野下高中学生行为文化的构建 // 12

  创新德育管理方法，促进学生全面发展 // 19

  与时俱进转变对学生的管理理念 // 29

  加强校园文化建设促进学生成长成才 // 33

  浅析高中信息技术课堂中学生脱离教师控制的行为与对策 // 41

思想引领与实践

  高中学生行为习惯现状调查报告// 46

  校园文化建设的实施// 53

  德育主题活动的践行// 63

  新课改下的德育工作探索// 68

  创新学生评价，扩大评价维度// 98

  谈班级管理工作// 103

  网络环境下如何开展学生管理工作之探究// 108

  浅淡如何加强学生自主管理// 113

浅谈高中学生管理工作// 118

如何为学生提供优质高效的服务// 122

开放式教育让学生在自我管理中成长// 124

用"爱"去浇灌，用"心"去转化// 128

教育指导与发展

核心价值观视野下的高中学生行为文化的构建的研究与实践成果// 142

校本教材// 152

核心价值观视野下的高中学生行为文化的构建研究报告// 179

文化铸就百年名校// 194

中央宣传部宣教局道德处处长曾建立一行来衡阳市一中调研// 199

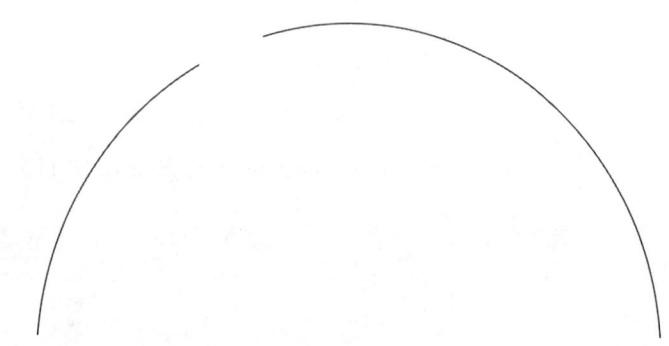

理论研究与探索

论构建核心价值观视野下高中学生行为文化

构建核心价值观视野下高中学生行为文化，即以社会主义核心价值观为指导，结合高中学生生理、心理特点营造高中学生行为文化，高中学生行为文化包含课堂行为文化、课外行为文化、德育行为文化、社会实践文化。

社会主义核心价值观有二十四个字，这二十四个字是社会主义核心价值观的基本内容，这二十四个字涉及国家、社会、个人三个层面，每个层面有八个字，即国家层面：富强、民主、文明、和谐；社会层面：自由、平等、公正、法治；个人层面：爱国、敬业、诚信、友善。[1]

高中学生行为文化是指高中学生在接受学校教育期间在学校学习、生活活动中应该具有的社会主义价值观念、思维方式、行为规范等，这种以社会主义价值观念为指导形成的行为文化是中学良好学风、校风形成的基石，是校园的"活文化"，是一个学校校园文化好坏的晴雨表，也是学校所有文化的集中体现。

一、构建自由、民主、平等的课堂行为文化

自由是一种权利，既包括天赋的人权，也有道德和法律赋予和确认，但对中学生而言，自由是一种包括身体自由、

心智自由、道德自由的能量释放方式。这种自由保证中学生能够在德智体全面发展。中学生的学校活动90%在课堂，因此构建自由的课堂行为文化首先要构建自由的课堂。自由的课堂特点应该是适应中学生的身体和心智的、充满爱的、真情流露的、宽松的课堂。这样的课堂教师对学生充分信任，学生彼此能够用欣赏的眼光对待自己的同学，同时又能当面说出自己不同的观点，学生可以自由表达自己的看法，无论是肯定还是质疑，都源自学生真实的内心世界。这样的课堂，其行为文化意味着思想与言论的自由与开放，是心灵火花碰撞的行为，擦出自由的文化内涵。当然学生的行为还是有所约束的，并非恣意妄为的，还要受到课堂纪律、他人自由和道德律令的限制。

民主，从原本意义上说是"多数人的统治"。既包括国家统治制度即国体，也有民主作风和民主方法的含义。民主思想的核心是平等，即无论地位、人种、肤色，人人生而平等。对于高中学生而言，最大的民主就是构建民主的课堂。就是通过师生的自由、平等交流创造一个最佳的授业和学习环境，使师生能够为了共同的教育和学习目标自由而平等的交往，共同参与与课堂教学相关的民主决策[1]。因此在民主课堂中，民主素养是教师必须养成的，即民主意识的认同、民主态度的备具和民主方法的掌握，同时在教学实践中淬炼民主课堂建构的智慧[2]。在这样的课堂中，教师通过赋予学生共同参与教学方案的设计，引导学生参与教学方式改革，使学生主观能动性得到尽兴的发挥，学生的想象力、创造力就会如喷泉一样激情四射,自然而然地形成了民主的课堂行为文化:学生自由,敢于思考,勇于表达,乐于创新,师生平等,共同参与,课堂氛围处在民主的深层之中。

平等,就中学生而言,主要是人格的平等。基于师生人格平等的课堂是指在教育情境中师生之间进行平等的心灵沟通,彼此敞开心扉,互相吸引、互相包容、共同参与、共同分享的课堂。这样的课堂,学生将会无拘无束的发言,他们敢于反驳同学甚至老师的看法,并发表自己独特的见解,不仅能使学生学得轻松,而且非常愉快有效。师生之间人格的互尊、精神的交往、心灵的理解,创造了平等的课堂行为文化:教师不以"知识的权威"自居,而以知识渊博产生的魅力吸引学生,循循善诱,与学生建立一种平等的师生关系,让学生感受到学习是一种平等的交流,是一种享受,是一种生命的呼唤[3]。

需要指出的是,构建自由、民主、平等的课堂行为文化,平等是基础,民主是条件,自由是内涵,没有民主、平等就没有自由。

二、构建和谐、友善的课外行为文化

课外活动通常是指课堂教学任务以外有目的、有计划、有组织地对学生进行的多种多样的教育活动,包括政治思想类,科技文化类,职业技能类,基础文明教育类,文娱体育类,活动社会类,心理教育咨询类,学习指导类等活动。由上述课外活动引发的学生行为文化就称之为课外行为文化。课外行为文化应当是和谐、友善的。

和谐的课外活动，主要关注人与人之间的和谐相处。和谐相处可以带给学生可持续的发展，可以让学生内心更加快乐的生活。这样的课外活动能让学生形成和谐的课外行为文化：良好的心态、全面的规划、创新的思维。

和谐的课外活动既是愉悦心情、激发兴趣、增长才干和锻炼意志的有效方式，又是课堂学习的内容延伸和深化。和谐的课外行为文化能够使中学生个人的心智得到发展，同时在与同学共同学习活动过程中，即社会化的过程中最大限度的发挥个人的才能，满足自己自我实现的需要。能给学习生活增添乐趣；能给学生以新鲜刺激，使人身心得到愉悦，也能帮助学生学会利用闲暇培养健康的兴趣爱好，丰富其精神生活；还能促进学生全面发展，促进学生社会化，学生在活动过程中，学生渐渐习得一些成人社会的行为，解决一些与同伴相处的问题，促进学生从童年向成人转化，促使学生在社会化过程中个性化[4]。

友善作为一种公民道德，是维系和谐校园的重要纽带。构建和谐、友善的课外行为文化要将友善的价值观扎根于思想和灵魂深处，要将友善文化融入课外活动之中，要让友善成为高中学生课堂学习的有益补充，成为学生学习与提高的第二课堂，成为学生实现知行合一的根本途径。

三、构建法治、诚信的德育行为文化

法治是用律法调节、规范、约束、警戒、评价社会成员的一种治理方式，法治是相对于人治而言的，是以宪法和法律作为全社会公民最高行为规范的治国理念。法治与人治并

不截然对立，法律最终还是需要人来执行和遵守，其目的还是为人的发展。

对于高中学生而言，构建法治的德育行为文化，主要从三个方面着手：首先通过学校课堂学习灌输法治意识和法律知识，从思想上认同法治理念；同时教师通过日常行为潜移默化影响学生，使学生时刻感受"法治"意识和观念。

其次，体现在建立健全的管理机制上，做到"有法可依"。学校要与时俱进，制定并健全完善与时代相符的规章制度，如《学生行为规范》、《班级学习小组建设指南》、《推进新课改德育工作实施方案》、《德育主题活动实施方案》等各种切实可行的表册或制度。

再次，要做到"有法必依"。学校统筹安排，采取行政领导值班、班主任跟班追踪、学生会、团委会、学生自主管理委员会检查、互查，家长委员会参与监督等措施，对学生执行学校规章制度的情况进行教育引导，建立积极的激励表彰机制，建立定期、不定期督办工作机制，确保"有法必依"。

学校制度被学校成员所认可、所接受的过程，就是学校制度文化的形成过程。这一过程，也就是把制度中的客观精神转化为学生的主观精神。构建法治的德育行为文化正是通过其所具有的认识导向、情感陶冶、行为规范等作用达成育人功能。

诚信教育是构建社会诚信体系的最大推手。几千年来，中华民族始终信奉"以诚为本，以和为贵，以信为先"的人生哲学。继承和发扬中华民族传统文化中的诚信美德，对于培养人们的诚信意识,建立一个诚信社会具有重要意义[5]。

在高中阶段,构建诚信的德育行为文化,必须构建一个细水长流、润物无声的诚信教育体系,即从高中学生的衣食住行,言行举止等细节入手,说老实话,做诚信人。尤其要抓好诚信考试这一贯穿高中的行为,营造诚信考试的文化,让诚信成为高中学生行为文化的主旋律,为实现中华民族的伟大复兴提供强有力的人才支撑。

四、构建爱国、文明的社会实践文化

"纸上得来终觉浅,须知此事要躬行"。从实践的角度来看,构建高中学生行为文化,还要以社会实践活动为补充,也就是要构建爱国、文明的社会实践文化。

爱国是一个亘古不变的话题,在历史的车轮千年转动之下,爱国也逐渐沉淀为一种文化。爱国并不仅体现在某些政治敏感时刻的激情澎湃,也应该体现在日常生活中,特别要体现在高中学生的社会实践活动之中,因为学生的行为文化也需要以一定的形式来表达才能被群体感知。

构建爱国的社会实践文化,要以重大节日为载体对学生进行爱国主义教育。从学生思想实际出发,以雷锋活动日、青年节、端午节、建党日、国庆节等重大节庆活动为契机,开展一系列弘扬爱国主义、形式多样的社会实践活动,活动中将爱国主义教育与课堂教学、校园文化建设、国内外大事件相结合,高度重视爱国社会实践基地建设,加大支持力度,增强实际效果,满足学生的现实需要。充分利用校内外资源,实现两种行为文化的对接,构建起爱国的社会实践文化[6]。

文明灵动的体验文化，在多元的社会实践中为高中学生的健康成长开辟了新的构建途径，搭建了全新的平台，营造了良好的氛围。构建文明的社会实践文化，可以培养学生的创造力、记忆力、观察力、注意力、意志力等能力，形成不拘一格，持之以恒，坚韧顽强的行为文化，使他们受益终生。

参考文献：

[1] 刘桂秋．论教师与民主课堂的构建[J].中国教育学刊，2009（2）.

[2] 陈菊．教师参与课程变革管窥[J].广西师范大学学报：哲学社会科学版，2003（6）.

[3] 王振秀．新课改背景下政治教师应练好的基本内功[J].德州学院学报，2011（4）.

[4] 黄方千；李强林；杨东洁．增强第二课堂时效性，提高大学生参与积极性[J].成都纺织高等专科学校学报，2015（1）.

[5] 张建新．传统诚信文化思想在现代诚信社会建设中的价值[J].学理论，2014（1）.

[6] 赵元，丁丽娜．高校学生行为文化问题和对策实证研究[J].学理论，2013（2）

论校园行为文化建设与学校核心价值观的形成

校园行为文化是指"在教育系统中长期形成的并通过校园主体的活动而展示出来的文化形态的总和。"[1] 从当前的教育教学实践来看，校园行为文化建设，无论是宏观建设还是微观建设均对学校核心价值观的形成具有不可忽视的意义。

一、校园行为文化的宏观建设

在价值观念、思想观念多元化的今天，我应该怎样进行校园文化的宏观建设呢？

首先，要塑造和谐文明的校风。根据每所学校自身的特点，大力营造严谨、科学、创新等良好的校园风气。"在校园树立热爱祖国、决心为建设中国特色社会主义贡献自己全部力量的共同理想和坚定信念，培育自强不息、不怕任何艰难险阻、勇往直前的共同意志和奋斗精神，形成与时俱进、昂扬向上、勇于创新的共同追求和开拓意识。"[2]

其次，积极建立相互尊重的现代师生关系，肩负起传教、授业、解惑的任务，以崇高的道德修养和人格魅力影响学生。因此学校应该大力加强师德建设，加强教师师德考核，对师德出众的教师进行奖励和表彰，以促进优良教风的形成。

再次，促进创新优良的学风。加强学风建设，不仅要在学生中提倡好学求知、尊师重道的基本要求，更应该提倡学生提高自我意识，实行自强自律，培养创新精神，形成良好的学习习惯。这就要制定完善中学生行为规范，特别是考试纪律管理，注重加强学习目的和意义的教育。

除此之外，还要大力开展读书活动、学风教育活动等以营造良好的学习氛围。

二、校园行为文化的微观建设

校园行为文化的微观建设是一个不断完善的系统工程。要注意长远规划与近期安排相结合，常规工作与重点工作相结合，基础理论研究与行为实践相结合，从大处着眼，从细节入手，稳步抓紧抓好校园行为文化建设。校园代表着整个学校的形象，而从微观方面构建校园行为文化，需从以下几个方面着手：

1. 从"表""言""行"入手，抓好学生个人形象

学生是学校的重要载体，学生个人形象的好坏直接影响学校的整体面容面貌。因此我校将重点从学生的"表"文化（仪容仪表）、"言"文化（言谈举止）、"行"文化（行为规范）三方面来整改学生的个人形象，提升学生素养，促进校园形象文化建设。

2. 采取移动课堂教学模式，陶冶学生情操

积极开展健康有益的社会实践活动，是学生行为文化建设的重要阵地。每期采取"移动课堂教学"模式，组织学生走出学校，进军营、到工厂、下农村、深入社会各个领域，开展社会实践学习和远足活动。让学生在活动中受教育、在实践中受锻炼，在体验中培养学生的意志品质，加强对学生进行"生存教育"，丰富学生的课外生活。

3．以学生社团为载体，培养高素质人才

为加强素质教育，丰富课余文化生活，提倡正当娱乐，培养学生的自主能力，增进学生身心健康，激发学生潜能，培养高素质的学生，学校要高度重视社团发展，关注学生社团的实践活动，使社团发展由兴趣期、困惑期、调研期、独立期逐步过渡到发展期、特色期，涌现了多个明星社团，调动了学生的积极性，为学生们提供了一个个课余施展才华的舞台。

三、校园行为文化建设与学校核心价值观的形成

校园行为文化建设，无论是从宏观方面来说，还是从微观方面来看，它对于学校核心价值观的形成都具有不可忽视的意义。

1．校园行为文化建设为学校核心价值观的形成提供土壤

常规的课程学习要求学生必须通过意志努力才能获得系统知识，校园文化建设则通过利用学生的无意识心理活动机制来摄取有关的教育经验，激发学生蕴藏的巨大的心理潜能，使无意识和有意识的心理活动有机地统一起来，拓展信息刺激的容量。它可以为学校核心价值观的形成提供土壤，即把有关道德的、知识的、审美的、文化的等价值观，经过具体的人、事、物以及活动过程，传授给学生，没有说教，没有强制性，让学生在不经意之中接受这些核心价值观。

2．学校核心价值观为校园行为文化建设提供思想指导

"学校应该永远把坚定正确的政治方向放在第一位"，[3]只有这样才能确保中学校园行为文化"为人民服务"的正确

方向，才能培养出四有新人。学校要把马克思主义教育合理地融入中学校园行为文化当中，使马克思主义教育和行为文化的建设相互促进。包括组织开展一些积极健康的校园活动，广泛运用互联网、广播、报刊等大众传媒，将马克思主义渗透到校园行为文化建设的方方面面，从而帮助青年学生确立起正确的主流价值观。学校要以"社会主义核心价值体系引领中学校园文化建设，能够为教师的教育事业和师德建设提供强有力的精神保障。进而，引导师生树立正确的价值观。用高雅、健康的校园文化滋润学生的心灵，最终为中学校园培养高素质人才奠定坚实的思想基础。"[4]

构建高中学生行为文化，形成学校核心价值观是一个日积月累，不断完善的系统工程。要注意长远规划与近期安排相结合，常规工作与重点工作相结合，基础理论研究与行为实践相结合，从大处着眼，从细节入手，稳步抓紧抓好校园行为文化建设，使其形成学校的核心价值观。

参考文献：

[1] 马国清，校园行为文化建设探析，中国高教研究，1999年第3期．

[2] 教育部、共青团中央关于进一步加强学校校园文化建设的意见【Z】．2004-12-13．

[3] 邓小平文选（第2卷）【M】．北京：人民出版社，1994：104．

[4] 李有玉，以社会主义核心价值体系引领高校校园文化建设，当代世界与社会主义，2009年第4期．

核心价值观视野下高中学生行为文化的构建

核心价值观是近年来学界持续关注的热点之一，面对不断发生变化的现实社会，究竟什么是核心价值观？核心价值观是单一的还是多维的、社会主义核心价值观与社会主义核心价值体系是什么关系等一系列问题摆在人们面前。归根到底，中国需要什么样的核心价值观来引领整个社会？对这一问题的回应，需要在弄清当前价值困境的背景下，从对价值观本质的深入探寻中才能找到社会主义核心价值观的真谛。党的十八大提出，倡导富强、民主、文明、和谐，倡导自由、平等、公正、法治，倡导爱国、敬业、诚信、友善，积极培育和践行社会主义核心价值观。富强、民主、文明、和谐是国家层面的价值目标，自由、平等、公正、法治是社会层面的价值取向，爱国、敬业、诚信、友善是个人层面的价值准则，这24个字是社会主义核心价值观的基本内容。

社会主义核心价值观涉及国家、社会、个人三个层面的价值准则，其中涉及公民个人层面的"爱国、敬业、诚信、友善"，是公民基本道德规范，是从个人行为层面对社会主义核心价值观基本理念的凝练。它覆盖社会道德生活的各个领域，是公民必须恪守的基本道德准则，也是评价公民道德行为选择的基本价值标准。

行为文化是校内开展的各种政治性、学术性和文学、体育、艺术等各类创造性活动，以及师生在教学、科研、管理、学习、生活等活动中表现出的文化特征、行为习惯、生活方式等。核心价值观视野下高中学生行为文化的构建，关键在行动。当前，高中学生行为文化出现功利化、低俗化、形式化倾向，班级行为文化较薄弱，学生不良行为和习惯突出等问题。校园文化建设投入不足，教师的主体作用没有得到有效发挥，社会不良文化的影响是制约学生行为文化健康发展的主要因素。构建高中学生行为文化要加强以核心价值观教育为核心的校园文化建设，以养成教育为重点，以班级文化建设为突破，以社会实践活动为补充，构建高中学生行为文化发展的育人体系。

一、加强以核心价值观教育为核心的高中校园文化建设，让学生从思想上内化于"心"

校园文化包括精神文化、制度文化、行为文化和环境文化，是学校个性特征的重要标志，更是学校的精神和灵魂。加强以核心价值观教育为核心的校园文化建设，需要让学生从认识上提高——转化为个人的"思想"，内化于"心"。社会主义核心价值观的培育首先要入脑，要让学生从思想上认识到位，要将社会主义核心价值观的内涵、主旨和意义等内化到学生的思想中去，让学生真知、真懂，了解核心价值观的构建、体系等，为自己全面认识和践行社会主义核心价值观打下坚实的理论基础。

首先要构建学校宣传教育平台，以校园媒体为依托，多角度、全方位、立体化推进以社会主义核心价值观为主题的校园文化建设,切实把握宣传思想工作的主动权、主导权。第一,通过思想政治理论课教学,深化社会主义核心价值观教育。建立了以必修课程模块为主的知识教育平台,以社会主义核心价值观为主线,进行中国特色社会主义理论体系、社会主义核心价值观的系统教育,使社会主义核心价值观进入教材、课堂、头脑,努力将核心价值观的基本内容和要求渗透到教育教学实践中。同时引导学生走出校门到红色圣地,了解历史、了解社会,通过形式多样的实践教学活动,提高学生思想政治素质和观察分析社会现象的能力,深化教育教学成果。此外,按照计划性、教育性、针对性和创新性的原则,通过入学教育、主题班会、报告会、专题讲座、入党积极分子培训班等形式,经常性地开展以"三观"教育为主要内容的主题教育活动。第二,精心设计活动主题、活动形式,利用主题宣讲、主题班会、主题党(团)日、专题报告、书籍推荐、校园组织歌唱等形式多样的课外活动形式,开展中国梦理论和实践的宣传教育,促使社会主义核心价值观主题教育生活化、生动化、形象化。第三,利用校园网站、电视、广播、报纸、短信平台等传统媒体,以及微博、微信等新兴媒体,开设社会主义核心价值观宣传教育的专题、专栏、专版,广泛宣传社会主义核心价值观的内涵,在校园内营造良好的宣传教育氛围。

其次要构建教师研究创新平台,把"三个倡导"纳入到教学大纲和教学计划,贯穿到各个学科专业,体现在学校教育教学全过程,做到系统进教材、生动进课堂、扎实进头脑。

依托学术交流活动载体，通过专家解读、领导讲述、典型人物践行事迹等形式，加大对社会主义核心价值观宣传普及的力度。

最后要打造文艺创作的平台，充分发挥用文化陶冶情操、温润心灵的作用，积极引导广大师生把社会主义核心价值观融入文艺创作生产全过程、体现到文艺作品中，让师生在美的享受中受到教育。开展以核心价值观为主题摄影比赛、微电影大赛、校园歌手大赛、红色音乐剧比赛、戏剧小品比赛和才艺大赛等系列主题校园文化活动。

二、狠抓高中学生行为养成教育，让学生内化于"行"

高中学生行为文化建设是一个日积月累、不断完善的系统工程。学生行为文化建设涉及学生形象、素养、思想道德、行为规范诸多方面的培养与实践，所谓养成教育就是培养学生良好行为习惯的教育，教会学生做人。也就是以行为规划为主渠道，加强学生品德修养教育。加强学生文明行为习惯的培养，使之学会判断是非、善恶、美丑和荣辱，学会尊重人、关心人、帮助人，养成有礼貌、守纪律、讲卫生的行为习惯。狠抓养成教育要让学生从行为上提高——转化为个人的"习惯"，内化于"行"。内化于行的目的在于让学生积极践行，用核心价值观的基本内容去指引自己的行为。在行为上体现社会主义核心价值观的现实作用，让学生将自身行为演变为一种"习惯"，一种正确的"个人行为"。学校要为学生搭建一个行为的平台，制定一系列行为规范标准，树立一批典型和榜样，帮助和引领学生去践行。培养学生的行为文化，最好的"教材"就是学生身边的同学。要注重发挥学生在价值观教育中的主体地位,让他们做价值观的先行者和引领者,在知行合一的前提下,进一步发挥其引领的功能,将核心价值观作为自己为人处世的"准则",去感染和带动身边的人,真正实现价值观的"关照作用"。

狠抓养成教育还要建立健全管理机制,确保养成教育取得实效。健全和完善各项学校规章制度。制定《校务日志》《班级日志》《学生操行情况记载》《学生作业情况记载》《学生读记情况记载》等各种表册,采取学校行政值周检查,教师、学生值日检查、学生互查、家长督查等办法,全面、细致、及时地了解师生的表现,并针对师生的不良习惯予以教育和引导;建立激励、表彰机制,通过日评比、周评比、月评比、学期评比、年度评比,树立榜样,带动全体师生加强良好习惯的养成训练;要建立定期、不定期督办工作机制,实行一月一碰头,一学期一总结,一年一次现场会的交流机制,及时总结交流养成教育工作的好经验和方法,研究解决工作中的难题,促使养成教育工作不断系统化、规范化,使学生习惯养成教育实现半年有起色、一年有效果、两年大变化、三年逐渐规范。

三、以班级文化建设为突破,以社会实践活动为补充,构建高中学生行为文化

班级是学生学习生活的主要场所,是学校管理的基础,是学生行为文化建设的细胞,班级开展的各种文化活动形成了各具特色的班级文化。要注重细节、兼顾全局,对学生给予最大程度的理解、宽容和关爱。在和风细雨中，在交流沟通中规范学生的言行，培养良好的生活习惯、学习习惯和人际交往习惯，使学生行为文化建设落到实处，使文明校园焕发勃勃生机。

构建高中学生行为文化，要以班级文化建设为突破，强化班级文化建设，搭建班级行为文化平台。一要建立完善合理的班级制度，规范班级建设的内容及参与者的行为。二要加强班级队伍建设，制定班主任及班干部、生活老师的工作职责，加强对这三支队伍的培训、指导与考核，培养一批具有责任意识，在校园行为文化中具有领航作用的骨干，推动班级建设。三要优化网络环境，拓展班级文化建设的新领域。发掘网络环境中的积极因素，化解其消极因素的影响，使网络文化成为新时期班级文化建设的新领域。四要突出实效性和个性化。班级文化建设要从实际出发，建设自己的班级文化，塑造班级独有的文化特色，增强班级凝聚力，促进学生的团结与进步。

构建高中学生行为文化，还要以社会实践活动为补充，丰富社会实践活动，重视校园行为文化内容构建。学生行为文化需要以一定的形式来表达才能被感知，但如果只注重形式，忽视或轻视内容，必将影响学生行为文化作用的发挥。一方面，要重视实践课程的设置和践行。实践课程的设置和践行是推进校园文化建设的重要而有效的途径，是学生施展才华、丰富修养、感恩社会、增长阅历的重要平台。高中学校要把突出社会实践和突出专业性的实践有机地结合起来，尽可能广泛地让学生参与校园内外的各项实践活动，拓宽学生实践的领域。另一方面，要高度重视社会实践基地建设，搭建校企合作。做好实践基地的管理和引导，加大支持力度，增强实际效果，满足学生的现实需要。注重适应社会、融入社会，追求学校文化与企业文化的融合，搭建校园行为文化与企业文化对接的平台，充分利用校内外资源，实现两种行为文化的对接。

参考文献：

[1] 马国清．校园行为文化建设探析中国高教研究，1999，

[2] 土登恕．田艳丽．和谐校园行为文化：中国高校文化的践与弘扬绥化学院学报，2009，

[3] 孙晓红．关于校园行为文化建设问题的思考辽宁工学院学报，1999，

[4] 自振飞．校园文化及校园文化建设陕西师范大学学报：哲学社会科学版，2003，

[5] 土霞娟．土守义．新建地方本科院校校园文化建设的调查与思考．思想教育研究，2010。

创新德育管理方法，促进学生全面发展

在长期的办学实践中，我深刻体会到，德育是素质教育的核心和灵魂，是育人的根本。优质的德育管理是一所学校形成优良校风、教风、学风，提高教育教学质量，走可持续发展道路的核心要素，是立校之本。在践行科学发展观，建设和谐社会，全面落实《国家中长期教育改革发展规划纲要》，大力推行素质教育的今天，加强和创新学校德育工作，培养适应时代发展的品德高尚、性格健全、全面发展、富于创新精神和个性品质的高素质人才，具有重大和深远的意义。始终坚持以德育为首，奉行"为每个学生终身发展奠定良好基础"的教育宗旨，以德育常规管理为基础，不断创新德育管理方法，促进学生地全面发展。

一、充分认识德育重要地位，树立科学德育观念

学校工作，德育为先。德育工作新局面的开创，首先必须树立科学的德育观念。观念是工作的先导，是行动的灵魂。我要重视德育工作，不断加强学习，充分认识德育工作在学校工作中的重要地位，牢固树立"育人为本、德育为先"的观念。我校十分重视在学校德育工作中树立科学的德育观念，一是树立人本德育观。我认为：德育工作必须坚持以人为本，这是我校德育工作的目标定位。对于人本德育观，我认为：

学校德育工作一切着眼于人，以学生为本，为了学生的发展去创造条件，而绝不是束缚人、禁锢人。每一位学生都有发展和成长的权利，我的德育工作必须面向全体学生。学校德育工作，不仅要为学生在校期间负责，而且还要为他们的一生负责，为他们的终身发展奠定基础。二是和谐发展的德育观。我认为：学校德育工作需要讲发展，要与时俱进，开拓创新，坚持发展。这是我校德育工作的内涵定位。对于和谐发展德育观的内涵，我从三个方面进行诠释：1、全面发展。学校德育工作的目标应当具有全面性，德育的育人功能需要涵盖思想、观念、道德、行为、精神、心理、情感等各个方面和人的全面发展的诸多要素，从而使人的整体素质得以全面提高，使之能够适应21世纪人才所需要的各种素质要求。2、可持续发展。德育还应当是动态的终生的教育，不仅需要关注学生的眼前状况，更重要的是还要关注他们一生的发展。在强调学生获得全面发展的同时，又要尊重学生的个体差异，强调因材施教和培养目标的多元性，从而为学生终生的可持续发展奠定基础。3、相互协调发展。我认为，学校素质教育是一个和谐不断实现，并在和谐中求发展的过程，德育与其它教育应当协调发展。在学校管理中，德育是核心，是灵魂，但决不意味着其它教育就无关紧要。因此我一方面需要从全局的高度首先抓好德育，同时又要扎扎实实抓好其它教育，使之和谐地协调发展，决不能顾此失彼，造成教育生态的失衡。我认为：在新形势下学校的进一步发展需要德育工作有新的突破，要求我的德育从内容到方法，从目标到模式都要规范化、系统化，德育要实实在在体现在学风、校风中，让我的德育回归学生生活，在学生的生活中展现我德育的痕迹。这样才能适应学生发展的需要，适应学校发展的需要。

二、构建德育管理机制，建设高素质德育队伍

1. 构建德育管理机制，确保德育工作良性运行

首先是领导机制。德育是学校教育工作的基础，校长是学校的行政领导，校长对德育工作负有领导责任。校长应当具有正确的教育思想，重视学校德育工作，重视学生全面发展，保证党和国家教育方针在学校的贯彻执行。校长要真正树立以德治校的理念，不能重智轻德，更不能只挂在口头上。只有校长重视，真正树立以德治校的理念，才能创造出德育的实效。推行学校校级领导联系年级制，每位校领导负责联系一个年级，深入到年级中去指导教育工作。其次是组织机制。健全的组织机构是学校德育管理的根本保证。我校建立了校内外德育工作管理网络，明确德育管理的职责。由校长、分管校长、学生处主任、年级组长、班主任组成德育工作领导小组，从校长到最基层的班级，形成一种垂直的联系并沟通各部门之间的横向联系。这就使学校的德育工作从组织系统方面做到了上下左右联系密切，指挥灵活，步调一致，信息畅通，充分发挥德育管理的效能，从组织上保证学校德育工作的实施。第三是激励机制。在全员聘任制下，学校每个岗位的职责都很明确，都有育人的要求。绩效工资考核中很重要的一条就是根据岗位职责的覆行情况来决定班主任津贴多少的发放，每个岗位的德育职责覆行情况，作为教师考

核的重要内容。在奖励性绩效工资中设立了优秀班主任奖，对在德育导师工作和班主任工作中取得优异成绩的教师进行奖励，并且在职称的评聘、评优等方面向德育工作者倾斜。希望通过多种措施，进一步激活激励机制，提高德育工作者队伍的士气，推动德育工作的开展。

2. 建设高素质德育队伍，形成人人都是德育工作者的教育环境

德育工作是一个系统工程，每个教职员工都要承担育人的职责。德育工作并不只是班主任和学生处的事。实行全员育人，强调全体教职员工都是德育工作者。确立"全员、全方位、全过程"的育人理念，要求全体教职工牢固树立"人人是德育工作者，处处都是德育阵地，事事都是德育资源"的新育人观。教师要做到教书育人，领导要做到管理育人，职工要做到服务育人，让学生在每天的学习生活中时时刻刻都能受到教育。要求教师举手投足之间，学校内外都是一种示范，一节课、一道题目的解答、一个知识的传授都想到教育，所有教师要在传授知识过程中重视学生道德情感和行为习惯培养，要把教书育人作为自己的职责，使教书育人制度化、常规化，从而使学校形成良好的德育氛围。

班主任是德育工作的主力军，班主任在学校德育工作中的独特地位和作用是不可替代的。从某种意义上讲，抓好了班主任队伍建设，学校的德育工作就有了一定的保证。打造一支师德高尚、爱岗敬业、进取奉献的班主任队伍，是班主任队伍建设的目标。要采取"精选、重用、严育、厚待"

的方针，选拔一批德才兼备、严于律己、乐于奉献、开拓进取的教师担任班主任工作，大胆地让他们在教育教学岗位上站前列、担重任、扛大梁。在班主任队伍建设上，一是通过多种形式认真做好班主任培训工作，努力提高班主任队伍的整体水平。二是坚持班主任工作例会制度和德育论坛制度，及时研究学生中出现的新情况、新问题，研讨德育工作经验和信息。三是采取"走出去，请进来"的方式，加强校际之间的交流，借鉴兄弟学校德育工作经验，寻找自身的不足之处，明确努力的方向。四是建立科学的班主任考核评价体系，引导班主任工作朝规范化、科学化方向发展。

三、创新德育管理方法，促进学生全面发展

1. 构建校本德育常规教育体系，提高学生思想素质

自 2006 年以来，在不断探索素质教育和推行新课改的过程中，反复地研究与实践，结合自身的实际情况，科学的提出了"345"高效课堂改革方案。这种方案的提出，标志着新课改和素质教育走在全市、全省的前列，起着很好的示范作用。这其中就包括创新德育管理方案，这种方案的出台，为科学实施德育管理，促进学生全面发展指明了方向。

2. 开发校本课程，以体艺和社团活动培养学生美好情操

体育艺术和社团活动应是的特色和品牌。要注重培养让每一个学生都要有一门自己的兴趣爱好和特长，要让他们接受美的熏陶，拥有健康的身体素质，为他们以后的高品位人生奠定基础。学校要长期开展课外活动，一中就成立了器乐、合唱、舞蹈、书法、街舞、口才、京剧、机器人、话剧、篮球、

排球、羽毛球、吉他、跆拳道、美食、时装、动漫等四十多个课外活动小组，每学期定时间、定地点开展活动，通过这些活动的开展，陶冶学生的美好情操，培养学生的个性特长，丰富学生的精神生活。使得学生心灵丰盈，生活充实，举止文雅，个性发展，富于创造，热爱学校，奋发进取，创新品质不断提高。

3．创设德育活动载体，促进学生自主发展

"教会学生做人"是德育工作的出发点和归宿。根据青少年的身心特点，以德育活动为载体，将德育工作寓于丰富多彩的活动之中，让学生在活动和实践中体验感悟，从而提高道德素质和人文素养。创设德育活动载体，增强"活动育人"效果。

如规定衡阳市一中把每年的三月份和九月份确定为学生行为习惯养成教育管理月，开展系列行为规范养成教育活动。每年的四月份和十一月份确定为法制安全宣传教育月，开展法制安全主题教育活动。每年的五月份和十月份确定为爱国主义主题教育月，开展"祖国在我心中"为主题的系列教育活动。每年的六月份和十二月份确定为心理健康教育月，开展心理健康教育讲座、咨询等活动。

同时，抓好三个活动月，四个节、五个赛。继续办好"三月学雷锋活动月"、"九月读书活动月"和"十月宿舍综合治理月"这"三个活动月"。办好"科技文化艺术节"、"合唱节"、体育节"和"劳动节"这"四个传统节"。办好"演讲"、"辩论"、"书评"、"最佳节目主持人"和"十佳歌手"这"五个比赛"。

继续落实好节日文化建设。加强对学生在感恩节、植树节、教师节、母亲节等节日以及"五四""七七""九一八"等特殊的时间对学生进行教育。

把学生的活动德育与社会实践活动相结合，形成自己的品牌。学校充分发挥活动德育与社会实践活动的育人功能，积极开展德育活动，深化德育工作内涵，形成两个品牌，一是上半年四月底在高一学生中开展远足活动；二是在高一学生中征集优秀活动方案（对优秀方案进行评奖），利用2-3天的时间组织学生到农村、工厂、军营以及学校的活动德育基地中去。让学生体验成功，感悟劳动，开阔视野，弘扬"船山精神"、激发爱国热情，真正落实对学生社会主义核心价值观的教育。

只有让德育教育活动形式生动活泼，内容载体才能丰富多样，充分让学生动起来，参与进来，在充分认知的基础上有所感悟。德育只有触动才能产生影响，最终帮助学生提高思想素质并内化为学生的优秀品德，落实到日常行为中，这样的德育才是贴进心灵、贴近学校生活的有实效的德育。

4. 加强学生自主教育，提高学生自我管理能力

在德育常规管理过程中，我校始终注重培养提高学生的自我教育、自我管理的自主性。在自我教育管理方面开展"自我教育、自我管理、自我督导"的"三自"行为习惯自律活动。学生会、团委会是学生自我教育管理的重要组织形式，是学校德育工作中一支富有生气的力量。我校德育部门切实加强对学生会、团委会工作的指导，充分发挥其组织作用。还

成立了学生自主管理委员会和学生校长助理，参与学校管理，规范学生行为习惯，维护学校正常秩序，形成良好常态管理。正是通过学生的这些机构，让学生积极参与学校的管面也为学校建设良好向上的风气，做好了基础工作。

5．加强心理教育，帮助学生健康成长

大力加强心理健康教育工作是时代发展的需要，是社会全面发展对培养高素质创新人才的必然要求。它对于培养学生适应社会生活的能力，培养良好的个性心理品质，促进心理素质和思想道德素质的协调发展，提高德育工作的针对性、实效性和主动性具有重要作用。针对学校一些有心理问题的学生，积极开展心理健康教育，选派教师参加心理教育专业知识培训，建立心理咨询室，逐步开展心理健康知识普及、心理治疗工作，建立特殊群体学生档案，定期辅导。如高中部的心理辅导室对于帮助转化后进学生，解决学生成长的烦恼，培养学生积极的情感、开朗的性格、坚强的意志和健全的人格发挥了很好的作用。

6．建设校园文化，发挥环境育人作用

学校文化是发生在学校中的精神现象，是学校在长期的教育实践中形成的具有独特凝聚力的学校精神、价值观念和师生员工所认同的道德规范、行为方式等。它是一所学校持续健康发展的重要保障，是学校发展的动力。学校德育要努力用学校文化来教育、引导、熏陶、规范师生的思想和言行。要十分注重校园文化建设，充分发挥环境育人的作用，创设一个"时时受教育,处处受感染"的德育环境。要精心设计校园布局,在校园环境绿化、净化、美化的基础上,注重人文环境的精神性,充分体现环境的教育性。要精心布置校园的每个角落,通过名言警句、学生的书法、绘画、形象雕塑、宣传橱窗、电子显示屏、广播站等,力争让每一面墙、每一样物都产生育人的效果,真正达到面面墙壁会说话、棵棵花草能育人,使学生在美的环境中健康成长。

班级文化是指班级成员在班主任引导下,朝着班级目标迈进过程中所创造的物质财富和精神财富的总和。班级文化的内容主要包括:精神层,如班级目标、班级道德、班级舆论、人际关系和班级风气等;制度层,如一日常规、课堂常规以及各种奖惩制度等;物质层,如张贴名人名言、悬挂国旗及班训、黑板报等教室内环境的布置。我校积极鼓励以班级为单位,布置鲜活个性的班级文化氛围,各班教室按统一要求与自主布置相结合,每个班级的环境体现班级的文化。如在教室中张贴班级自己制定的各种规范守则、建立学习园地、荣誉栏等,使学生通过班级文化氛围形成良好的班风。

7. 多元评价,促进学生全面发展

新课程改革提出"对学生的评价应由单一向多元方向转变",鼓励学生张扬个性,发展特长,建立多元、立体、开放的评价体系,实事求是地对学生的行为表现予以肯定鼓励或否定批评,可以帮助学生认识自我,提高自我评价、自我教育的能力,使学生养成良好的品德行为、学习行为、健康的身心、健全的人格、正确的人生观。为了帮助学生认识自我,促进学生在原有水平上不断发展，我校在对学生的评价考核上尽可能达到形式多样、方法多样。我要建立学生综合素质评价制度，改变过去以分数形式通知给家长，将学生学习成绩和表现综合起来作为素质评价，操行评语结合学生实际，客观公正指出缺点，实事求是赞扬优点。我要建立学生个人操行（日常行为）评分与班级目标管理评比结合的评价制度，完善学生日常行为检查制度和班级常规管理检查评比制度，做到每天有检查、每日有通报、每周有小结、每月有评比，以促进学生良好行为习惯的养成。我要建立"星级班级"的考核评价制度。和多项学生单项评价制度。设立"文明学生"、'"三好学生"、"优秀学生干部"、"优秀团员"、"进步之星"、"学习之星"和"科技之星"等多种评比表彰项目，扩大了表彰的范围和层面，让学生充分看到自己的进步，达到自我教育、主动发展的教育效果，受到表彰的学生我都在全校范围内广泛宣传，树立学生学习的典型，通过评选，激励学生，树立榜样。

学校德育常规管理工作是一项系统工程。学校管理者必须在思想上高度重视，组织上加强领导，行动上抓严抓实。只要我遵循学生心理发展规律，坚持以人为本，不断创新德育工作方法，建立科学有效的德育模式，就能确保学校德育工作的针对性、实效性，就能开创学校德育工作的新局面。

与时俱进转变对学生的管理理念

当代中学生的心理具有多面性,是复杂的一代。总体来说,他们具有以下特点:第一,他们处于信息技术高速发展的今天,见多识广,有着较强烈的求知欲和上进心,喜欢独立思考,有主见。第二,绝大多数的学生是独生子女,喜欢表现自我,进而形成了固执,以自我为中心的思维方式和行为习惯。第三,在应试教育的驱使下,过多的心理压力又使他们形成了封闭心理、逆反心理。第四,由于当代的中学生从小受到过多照料和宠爱,在确立学习目标的时候志向高远,而在进行的过程中却时时动摇。这些情况给我的学生管理工作提出了更加复杂和更加严峻的挑战,学生管理工作要有实效性,管理理念和办法必须与时俱进,实现转变。

一、教育理念的转变

要转变教育观念,通过发展人的主体意识,在潜移默化中提升受教育者的人格。变"要我做"为"我要做",让被教育成为中学生的一种需要。我大谈学生的主体性,但多数情况下,学生只是一个被动的参与者,因此要使学生管理的目标转化为学生的行动,就必须使学生从被动参与者变为主动参与者,要有意识地让学生参与到自己的修养建设中去。教育者必须启发学生的自觉性,使其自我激励作用得以发挥,使教育的影响变成自我教育的力量，并使教育与自我教育形成合力，这样才能使学生实现言行一致，知行统一，更好地发挥学生的个性，提高学生的道德品质。

二、教育内容的转变

对于已经进入信息时代的中学生，原有的道德规范和要求已经不再适应现在的教育形式。当前我必须加强对学生的创新教育、法制教育、心理健康教育、责任意识教育。

创新教育——江泽民总书记曾提出创新就是一个国家的希望，创新是一个民族的灵魂。对于教育来说，创新性应该是一个主体素质的概念，这种素质造就正是教育主要目标，就学生主体而言，创新性的素质就是使每一个学生在整个教育过程中自我实现、自我超越。

法制教育——通过对学生进行法制教育，增强学生的法律意识、增加学生法律知识，使学生在学会保护自己的同时，增强他们在各项社会活动中的行为的自觉性，能随时运用法律规范来要求自己。

心理健康教育——心理健康教育是指学生不断认识自我，增强调控自我，适应环境的能力，提高学生的心理素质和心理健康水平。同时，对少数有心理困扰和心理障碍的学生，开展补救性和矫治性的心理咨询和辅导。

责任意识教育——首先是自我责任心的强化，自我责任心是一种自律和"人心向善"的表观，是对恶的排斥，是在任何条件下对正义、道法、价值的遵守，其次是对社会、对他人的尊重，同时又对不合理现象的自省和批判。

三、教育方法的转变

德育工作既要教学生德育规范，又要提高学生道德行为的自觉性，学生道德认识水平的提高并不意识着道德行为的产生。在认知和行为二者之间，还有一个漫长的内化过程。这个过程的实现要求注意以下几个方面的教育方法：

首先，教育工作者必须牢固树立"教书育人"的思想观念。教师的思想素质、价值取向、人格品质、精神面貌、认知水平不仅直接影响着学生的求知、创新和动手能力，而且更直接影响着学生的人生观、价值观的形成和道德品质的定性。这就要求教师切实认识到师德的重要意义，真正做到"为人师表"给学生指引正确的人生道路。

其次，正确认识和处理好教书与育人的关系。原有的只注重"教"的教育模式必须改变，教育工作者在认真肩负起"授业"责任的同时，还必须认真地肩负起"传道"的责任。教师的道德教育不是课堂上抽象的政治说教，而是贯彻于以科学文化为基础的知识教育的过程中。教书育人是一个有机的整体，教书应以育人为目标，而育人又要以教育为基础，这样才能使道德教育有一个坚实的基础。

最后，改变单一的"说服—顺从"模式为"认同—内化"的过程。一方面要加大教育力度，在学生中深入进行文明礼貌、助人为乐、五讲四美等社会主义公德教育，让学生懂得立身做人的基本道德。另一方面，要加强行为规范教育，帮助学生养成良好的行为规范习惯，特别对出现的享乐主义、个人主义、不轨行为要见微知著，同时要牢牢抓住帮助中学生树立正确的理想和信念这个核心,在世界观、人生观、价值观等根本问题上下功夫。

当代中学生思想道德建设是一项艰苦细致的系统工程。"种树者必培其根,种德者必养其心。"道德应是教师一切教育行为的基本品格和要求,教师角色本应该凝聚着对自身使命的某种"敬畏",这种"敬畏"来源于传递人类文明的道义责任和塑造理想新人的历史使命。因此如何使学生的思想道德品质在感受与思考中得到提升,是摆在每一位中学教育工作者面前的一项艰巨任务。

加强校园文化建设促进学生成长成才

一所学校，其校园文化是广大师生的精神家园，是学校的灵魂。它以潜移默化的方式影响着教师和学生在学校教育活动、学校生活中的思维方式、价值观念和教育行为方式、人际关系及其学校生活样式。对学生的成长、成才起着重要作用。可以说学校文化是学校的核心竞争力，因此建设具有鲜明时代特色和学校个性的和谐校园文化，发挥校园文化的育人功能，是学校的一项重要任务。尤其是在市场经济背景下，社会主义核心价值体系发生了巨大变化，这对学校的办学理念、管理体制等带来深刻影响，为实现学校的办学目标、促进学生成长成才，建设以学校精神为核心的和谐校园文化尤显重要。

一、校园文化的涵义及其构成要素

校园文化作为社会文化的一个重要组成部分，具有一般文化的共性，同时也有其独特的内涵和外延。充分理解校园文化的涵义、明确其构成要素，才能充分挖掘其育人功能，有效发挥对学生成长、成才的教育引导作用。

1. 校园文化的涵义

校园文化是学校历代师生在教学实践中共同传承、创造并遵循的，以学校精神为核心的价值取向、思维方式、道德规范、行为规范以及由此产生的物质环境和精神成果的总和。它是以校园为空间、以师生为主体、以学生成长成才为目标的一种群体文化。和谐校园文化即指导校园文化的各组成部分处于相互协调、和谐共存、可持续发展的状态，它们相互配合、彼此协调，共同完成校园文化的育人功能。和谐校园文化具有强大的育人功能，它为学生成长、成才提供了生存土壤、精神动力和思想保证。

2. 校园文化构成要素分析

一般来讲，校园文化由物质文化、制度文化、精神文化和行为文化四种形态构成，它们不同的特点决定了各自校园文化中扮演着不同的角色，对学生成长、成才起着不同的作用。

校园物质文化是和谐校园文化的物质基础，它是学校历史蕴底、精神风貌、人文氛围的校园物化形态。它包括校园的总体布局、建筑风貌、环境设施、图情资源、实验设施等教学资源。

校园精神文化是和谐校园文化的核心内容，它是学校在其漫长的发展历史中积淀下来的校园精神风貌和价值取向，其核心是师生共同认可并践行的价值观，它反映出师生共同的信念和追求，具体表现为：价值观念、理想信念、道德规范、校园风气等。

校园制度文化是和谐校园文化在制度层面的表现，它是指凝聚学校管理理念、维持校园活动正常进行的管理制度和行为规范。包括规章制度、校规校纪等，对学生日常学习和生活起着指导、规范和调控作用。

校园行为文化是和谐校园文化建设的落脚点，它是指师生的学习、生活方式以及师生广泛参与的各类文化活动。行为文化旨在培养学生文明、高雅的行为习惯，是校园文化的具体体现，它代表着校园文明程度，是学生生成长的外在标志。

二、和谐校园文化在学生成长成才中的作用

校园文化对全面贯彻党的教育方针，引领社会文化的发展，优化育人环境，培养社会需要的人才、增强学校的核心竞争力等方面有着重大意义。从学生生成长成才角度而言，校园文化起着重大的教育影响作用。

1. 精神引领

校园文化是历代师生共同努力的结果，就其发展看有着自身独特的发展规律和历史继承性。而这种经过历史洗礼后传承下来的文化具有明确的目标和价值取向，鲜明的反映出校园提倡、崇尚、追求的主流文化和限制、反对的不良风气，引导和帮助师生树立正确的世界观、人生观、价值观，成为引导学生奋斗的精神动力。同时，校园文化作为社会文化的重要组成部分，集中体现出时代风貌和时代精神，指导学生接受社会认可的、符合时代发展要求的价值观和行为准则。

2. 凝聚人心

校园精神文化反映的是师生共同的价值取向，反映着师生对精神文化的渴望，同时它又是师生共同奋斗的目标，正是这一目标，形成强大的感召力，将师生凝聚起来，激发一届又一届师生的责任感、使命感，为学校精神的传承和创新不断开拓进取。

3．规范行为

校园文化的行为规范功能表现为校园文化对师生言行的规范约束作用。一方面以校风、教风、学风为主要内容的校园风貌，具有强大约束力，在无形中规范着师生的言行；另一方面优雅的校园设施、人文氛围昭示着师生须具备文明的举止，实现人、境和谐。以上两方面均是规范师生行为的"软约束"，它以师生内在的道德信念为前提。此外，对师生言行具有强大约束力的就是学校的各项规章制度和行为规范，它明确规定师生应该遵守、践行的行为和禁止的行为，此被称为"硬约束"，它体现出对师生言行规范的强制性一面。"软约束""硬约束"相互配合，一张一弛，有效地规范着师生的言行。

4．陶冶情操

良好的校园文化氛围能陶冶情操、净化心灵。悠久的校园建筑、先进的教学设施、丰富的图书资料等，无不承载着办学渊源，凝结着历代师生的智慧，展示着校园精神风貌。优良的校风、教风、学风、校园活动，紧扣时代的主流文化等都为师生营造出良好的群体心理氛围，为学生的成长、成才起着潜移默化的影响作用，使他们体验到作为校园一员的自豪感，成为激发学生成长的无形动力。

三、和谐校园文化建设的优化

校园文化对学生的道德品质、行为方式、价值判断、精神风貌等方面起着深远影响，优化校园文化建设，为学生成长提供良好的环境和氛围，是学校文化建设的一项重要任务。

1．转变观念，明确建设目的

校园文化是社会主义先进文化的重要组成部分，对学生健康人格的成长、素质的全面提高有着重要的作用。当今社会文化发展趋于多元化，学生在接受学校教育影响的同时，也广泛地受到各种文化思潮的影响，学生的价值观念、理想信念等受到冲击，容易陷入迷茫、困惑的境地，进而出现精神空虚，无所事事的现象。学生的成长急需以社会主义核心价值观为指导，丰富其精神世界，健全其人格。作为学生成长的重要精神家园——校园文化，特别是以价值取向为核心的校园精神文化，应改变以"是否有利于办学效益"作为评判标准的功利倾向，重新审视精神文化在校园文化建设中的重要作用，明确建设目的，以"是否有利于学生成长、成才"、"是否有利于办学的社会声誉"作为衡量标准，加强校园文化内涵建设，充分发挥其育人作用。

2．加强理论学习、提升建设档次

意识决定行为，学校各部门各处室负责人对校园文化建设的认识、理解程度，直接影响着校园文化建设的水平和方向。作为校园文化建设的各部门及其负责人，应从专业成长角度出发，激励部门员工深入学习校园文化建设的理论知识，积极开展校园文化建设的专题研究，明确在学校发展的各个阶段校园文化建设的重点，从学校校园文化建设全局出发，合理整合建设资源和建设力量，相互协调、相互配合，建设能充分表征学校办学理念、办学历史、办学特色的品牌文化。

3．激发主体意识、师生积极性

广大师生是校园文化建设的主体，他们一方面传承已有的校园文化成果、创造新的校园文化，另一方面他们又是校园文化成果的受益者，接受着校园文化成果的熏陶。要建设优秀的校园文化、离不开广大师生的参与、配合。在校园建设中要主动听取师生的建设意见、建议，为他们提供话语机会。作为校园文化建设的主体——教师，应着力提升自身的专业素养、职业精神，充分感受校园文化成果精髓，深刻领悟学校办学历史中所传承下来的一种精神，主动地为校园文化的发展、创新献计献策，以自己纯正的思想、健全的人格、深厚的文化底蕴、严谨的治学态度去教育引导学生，为学生成长、成都树立良好典范。作为教育对象的学生，应正确认识校园文化对自身成长的重要性，努力吸收已有校园文化成果，积极参与各类校园文化建设活动，在活动中受锻炼、长才干，为校园文化的创新、发展做出自己的努力。

4．建设特色校园文化、凸显校园个性

特色校园文化是此校园与彼校园相区别的重要标志，校园文化建设应立足本校办学历史和办学实际，从"特"字上下功夫。

（1）凝练特色校训。校训是校园精神文化的集中体现，是校与校之间相互区别的精神标志，是激励学生成长、成才的核心动力。"努力创造奇迹"是我的校训，至少有两层含义：一是作为一所百年名校，作为一所省示范性高中，全体师生必须努力地去创造一个又一个的奇迹；第二层含义是，每一

个奇迹都不会轻易得来，必须靠努力才能取得。对这个校训一定要进行大力宣传，使它成为真正扎根于学生心灵深处、激励学生成长的精神动力源泉。

（2）打造特色社团。学生社团是校园文化活动的重要载体，涉及领域广、参与学生多是其主要特点。形式多样、内容丰富的社团活动为学生个性的展现和发展提供了充足的舞台。我校有各类学生社团40多个，教师各种协会也有近10个，学校应加强对学生社团的规范管理和引导，打造一批特色鲜明、代表性强、反映办学特色的社团，以此提升校园文化活动的品味。

（3）建造标志性建筑。标志性建筑是学校办学理念、办学特色的物质表现形式，是学校的物质"脊梁"，是学校发展的见证者，它与学校精神一样是激发学生奋发的不竭动力。校园文化建设应充分发挥标志性建筑对学生成长、成才的激励作用，发挥它们对学生的无声教育影响作用。

（4）提升品牌活动。校园文化活动是最具活力、表现力的因素，校园文化建设应以活动为依托，立足办学特色和地域特点，打造一系列主题活动品牌。通过品牌活动的开展，使学生在一种轻松、愉快的氛围中得到锻炼。

5．合理定位各构成要素，突出精神内涵

和谐校园文化建设离不开物质文化、制度文化、精神文化、行为文化等构成要素的和谐有序的建设，同时也要突出精神内涵，发挥精神引导作用。物质文化是校园文化的物质基础，是精神文化的重要载体，有着丰富的精神内涵、有效诠释学校办学理念的物质文化，起到陶冶情操、激励成长的作用。规范的制度文化旨在从外在约束方面加强对学生日常行为规范的引导，对学生成长、成才起着"他律"作用，最终实现将这种外在的约束力转化为学生内在的行为自觉，实现"自律"，有着丰富人文内涵的制度文化，尤其是"校风、教风、学风"是精神文化的重要表现形式，对学生成长、成才起着重要推动作用。高雅的行为文化是校园文化的外在表现形式，它直接反映着学生的精神修养程度、凸显学校的精神文化内涵。校园精神文化是校园文化的灵魂所在，制度文化、物质文化、行为文化只有打着深深的精神文化烙印，才会有生机、活力。

在和谐校园文化建设过程中，应充分认识各构成要素在校园文化中的作用，以精神文化为引领，为学生成长、成长提供良好的环境。

浅析高中信息技术课堂中学生脱离教师机控制的行为与对策

一、高中生信息技术课堂常见问题行为概述

首先是对公共环境的破坏行为，例如吃零食破、坏公共卫生，损坏键盘鼠标等；其次是同学之间的轻度矛盾行为，例如同学之间为了争取好电脑而发生矛盾，有些学生乱动其它学生的电脑导致矛盾；最后是隐蔽性违纪行为，例如教师讲课期间部分学生偷偷摸摸做与学习任务无关的事情等，调查结果显示认真听课的学生仅占25%。课堂问题行为的出现必然影响教学效果，应采取措施让学生真正参与课堂，掌握必要的信息技术学科知识。

二、极域电子教室系统的教学功能

高中信息技术课在计算机教室进行的过程中，为了高效地管理学生的用机行为，让课堂教学更加有序，可安装极域电子教室等多媒体电子教室管理系统。因为极域电子教室管理系统具有以下教学功能：教师端：广播教学、文件分发、学生演示、查看作业、监控功能、屏幕录制；学生端：电子举手、远程消息、文件提交、自动接收等等。极域多媒体电子教室除了以上的功能外，还具有视频直播、远程设置、在

线测试、网络影院等特色功能等[3]。极域电子教室系统的合理应用可以提高信息技术教学效率，让学生在课堂当中更加高效地达到更高学习层次，提高信息技术素养。

三、运用极域电子教室系统进行教学过程中的问题行为

教学实践表明，信息技术课堂问题行为的产生常常受多种因素的影响。概括起来，主要的影响因素集中在学生、教师、网络和环境四个方面[2]。虽然极域电子教室系统在教育教学方面有强大的功能，但是教学实践证明，运用极域电子教室系统进行教学过程中的问题行为除了普通信息技术教室的问题行为之外，还存在两点最明显的问题行为：其一，学生不与老师进行课堂互动，做一些与教学内容无关的事情。其二，学生想方设法脱离教师机的控制，做与课堂教学无关的活动。这两种行为都影响了学生对信息技术学科的学习，第一种行为是第二种行为出现的预兆。如果这些行为扩散到每一个学生机，信息技术课就真的成了放羊课，信息技术教室就成了学生的网吧，教师也就成了网吧管理员，信息技术学科的教学任务无法完成，对学生的成长将会造成不良的影响。

四、学生脱离教师机控制的行为原因分析

对信息技术课堂问题行为的原因分析，有以下四个方面的原因[1]：1.信息技术学科本身的影响；2.学生方面的影响因素；3.教师方面的影响因素；4.家长及社会方面的影响因素。

（1）学生方面，学生对信息技术学科的认识不够，对信息技术学科的学习是随性的。

（2）教师方面，教师对信息技术课程的教学管理意识淡薄，缺乏对信息技术学科的信心，教学理念老旧。具体表现为：教学准备不充分、学科知识不系统不全面、教学管理有效性较差等方面。

五、学生脱离教师机控制的行为解决对策

1. 巧用极域电子教室管理功能，把它当作学生学习的辅助工具，而不是强制管理工具。信息技术课堂的管理难度大，但不能一味地依靠极域电子教室的管理功能对学生机进行强制管理。要让学生意识到学生机与教师机相联是为了更好地完成课堂教学，可以辅助学生学习到更有用而且有趣的知识，消除学生对教师管理系统的抵触心理。

2. 开展信息技术竞赛活动，增强学生对信息技术学科的感知。通过开展信息技术竞赛活动，从校园生活中加深学生对信息技术学科的了解。

3. 让学生乐于学习信息技术要做到以下几点：一是细化教学目标，丰富教学内容，使学生从求知需要中获得学习乐趣；二是创设真实情境，改进教学策略，使学生从娱乐需要中获得学习乐趣；三是注重真实性评价，强化主体意识，使学生从成功需要中获得学习乐趣。

4. 尊重学生差异，实行差异化教学，满足不同层次学生的教学需求。教师要能够设计更加灵活的教学内容和教学任务以满足不同层次学生的学习需求，给基础较差的学生更多的指导，给基础较好的学生提出更高的学习要求。尊重学生的差异，因材施教。

5.改进教学理念，运用微课/moodle教学平台等新技术手段创新信息技术教学。信息技术课上应该渗透现代信息技术与教育教学的融合，让学生真实地感受到信息技术学科的独特魅力。微课以其短小精悍而被教育领域熟知，而moodle平台作为高效的网络学习平台被诸多教学专家研究应用。高中信息技术教学中的很多教学操作难点都可以用微课的形式呈现给学生，学生通过平台享受资源并参与教学互动，这样既可以满足学生的不同学习需求，又可以由学生自主选择学习步调，使学生成为选用教学资源的主人，继而让学生成为自己学习的主人。

一种问题行为的出现除了人的因素外，环境的因素也是至关重要的，本文仅从人的方面进行了探讨，更过有效的探讨还应该在教学实践中去进行，希望中学信息技术学科的教学越来越有利于社会人才的培养。

参考文献：

[1] 张厚林.直面课堂问题行为，促进教学高效开展——普通高中信息技术课堂问题行为分析及对策[J].中国教育信息化，2011.6：29-32；

[2] 杨晓梅.信息技术课堂问题行为的原因分析及干预策略[J].丽水学院学，32卷第2期，2010.4：88-92；

[3] 刘天慧.极域电子教室在实践教学中的应用[J].知识经济，2012.6：145；

[4] 张克松.中学信息技术教学中的"乐学"策略[J].中国电化教，2010.4：98-101；

[5] 吴胜伟，吴春红.信息技术课堂教学中的问题行为探析及应对策略[J].中国信息技术教育，2010，02：36-37；

[6] 李育任.多媒体电子教室在计算机教学中的应用[J].信息与电脑（理论版），2015，04：97-98；

[7] 贺玉婷.翻转课堂教学模式在高中信息技术课的应用研究[D].河南大学，2014；

[8] 姜帅.高中信息技术课堂管理模式构建的行动研究[D].山西大学，2013；

[9] 刘群.高中信息技术课堂教学中差异教学策略的实践研究[D].南京师范大学，2005；

[10] 王蓉.基于Moodle平台的高中信息技术课堂管理与教学探究[D].陕西师范大学，2011；

[11] 唐素芳.极域软件的教辅功能探究[J].电子世界，2012，22：107-108.

思想引领与实践

高中学生行为习惯现状调查报告

一、问题的提出：

良好行为习惯的养成，对于中学生来说至关重要，著名教育家乌申斯基说过："习惯是我存放于神经系统中的资本，一个人有了好的习惯，一辈子都享受不尽它的利息；一个人有了坏的习惯，一辈子都偿还不了它的债务"。可见良好习惯的重要性。作为孩子成长重要基地的学校，应十分重视学生良好习惯的培养。基于此，以衡阳市一中为例，通过调查学生习惯现状，有针对性的进行良好习惯的培养，为孩子的一生幸福奠基！

二、调查对象：

本校高一至高三年级学生，共600名。

三、调查方法：

主要采取问卷调查法，共发放问卷600份，收回595份，收回率99.17%。

四、调查结果与分析：

（一）礼仪习惯

1. 在图书室、微机室、教学楼等公共场所，你会注意小声说话吗？（很注意80%，有时会忘记10%，经常忘记5%，从来不在乎5%）。

2. 碰到老师会不会主动问好？（总是35%，熟悉的老师会60%，偶尔会5%，不会0%）。

3. 会不会在教室习惯性的乱丢垃圾？（一直是55%，有时会35%，有人提醒会5%，不会0%）。

4. 离开图书室座位时会主动将椅子和取下的书放回原处吗？（总是会80%，记得时会10，有人提醒时会8%，没这个意识2%）。

5. 上课带手机吗？（一定会10%，有时会40%，不会50%）。

6. 吃剩的饭菜你会如何处理？（留到下餐吃45%，给动物吃45%，倒掉10%）。

7. 你会随意攀折校园花草吗？（经常2%，偶尔45%，不会53%）。

8. 捡到别人丢失的物品你会怎么办？（尽力找到失主并交还25%，交到失物招领处70%，放到原处不理他5%，占为己有0%）。

9. 当别人遇到困难时，是否会伸出援助之手？（一定会35%，有时会55%，不会10%）。

10. 你觉得当前学生整体文明礼仪状况如何？哪些地方

应该进一步改进？（说脏话 10%，不注意个人、公共卫生 20%，公交车上不让座 10%，不注重课堂纪律 20%，不爱护公共设施 10% 等等）。

可以看出，大部分学生自身的文明礼仪程度较高，但还有相当一部分学生存在不良的现象。如不能够尊重他人，不遵守公共秩序，说脏话，不注意个人、公共卫生，不注重课堂纪律，拿手机现象严重，不爱护公共设施，不注意节约，浪费严重等等。

（二）学习习惯

序	调查内容	肯定	否定	不一定
1	课堂上使用的学习用品是否每次必带不忘？	30.2%	13.9%	55.9%
2	能否坚持做好上课前的准备工作？	46.7%	9.5%	43.8%
3	坐在课桌前是否能迅速进入学习状态？	24%	11.8%	64.2%
4	在学习中有经常沉迷于空想的时候吗？	23.2%	35.2%	41.4%
5	学习时有下意识的动作吗？	21.6	36.4%	42%
6	老师布置的作业或任务，你经常想尽办法去完成，不达目的不放弃吗？	53%	7.9%	39.1%
7	是否对薄弱学科、不感兴趣的学科格外努力用功学习？	34.6%	28.3%	37.1%
8	课堂上是否有意发表一些逗人发笑的奇谈怪论？	22.1%	54.7%	23.2%
9	老师不在，你是否能自觉地学习？	27.8%	16%	56.2%
10	是否经常被老师提请注意？	13.3%	54.4%	32.2%

可以看出，一是学生学习准备不充分，只有 30.2% 的学生能带好学习用品，46.7% 的学生能做好课前准备，有

13.9%的学生不做学习准备，甚至有少数学生上课预备铃响后不进教室，还在室外观望。二是学生学习时耽于空想。只有24%的学生能快速进入学习状态，23.4%的学生上课沉迷于空想。有21.6%的学生上课做小动作，22%的学生上课有意发表一些与学习无关的逗人发笑的奇谈怪论。三是学习自我监控的能力差。当老师不在时，有16%的学生不会自觉学习，13.3%的学生经常被老师提请注意。四是学生学习存在畏难情绪。老师布置的作业或任务有困难时，7.9%的学生自动放弃应该完成的学习目标任务；对薄弱学科的学习，28.3%的学生不愿对薄弱学科格外用功学习。

（三）生活习惯

1. 你是否按时休息、起床？（经常68%，偶尔30%，从不2%）

2. 你是否每天坚持锻炼身体？（经常57%，偶尔43%，从不0）

3. 在家是否帮父母干些力所能及的家务活？（经常80%，偶尔20%，从不0）

4. 当天的事是否当天按时完成？（经常55%，偶尔44%，从不1%）

5. 自己的物品是否摆放整齐？（经常67%，偶尔30%，从不3%）

6. 你是否坚持早晚刷牙？（经常44%，偶尔45%，从不1%）

7. 你是否吃街头小摊食品？（经常34%，偶尔30%，从

不 36%）

8. 你是否饭前便后洗手？（经常 45%，偶尔 34%，从不 21%）

9. 空闲时间你是否看一些有意义的书籍？（经常 44%，偶尔 34%，从不 22%）

10. 你是否上网聊天、玩游戏？（经常 34%，偶尔 45%，从不 11%）

可以看出，大部分学生有较好的生活习惯，但还有一部分学生存在不按时作息、不坚持锻炼身体、卫生习惯差、空闲时间上网聊天和自己的事不能按时做到位等恶习。

五、结论与建议

（一）结论

根据调查可以看出，我校大部分学生行为习惯良好，但还有相当一部分学生存在不良行为习惯。根据我调查，影响学生行为习惯的因素主要有以下几个方面：

1. 学校和教师的因素很关键

学校是学生学习知识、成长的主要场所，学校的规章制度、管理、教师素质的高低都关系着学生的成长，学生升学压力以及社会对学校的认可程度迫使很多学校视成绩为根本。导致的后果是学校重智育发展而轻视德育的教育。

2. 学生自身的因素是主要原因

部分学生自控能力差，学习的兴趣不高，沉溺于网络游戏中，在游戏中获得成功的快感，也有部分学生喜欢看电视剧或文体娱乐节目；长时间形成的自由散漫，多动，懒惰等不良行为习惯，使学生的自我约束力下降，缺乏恒心和毅力。

3．家庭教育有不可低估的影响

素质较高的家庭，对学生从小的教育和管理严格，学生在健康的环境中成长，心理和智力得到良好的发展，这部分学生在学校往往表现出积极，健康的心态。低素质家庭或不健康家庭中，父母对学生的教育方式不当，以打代教，或放任不管，对学生管教不严，娇生惯养，甚至溺爱、姑息迁就，学生初期体现的不良行为习惯得不到及时纠正。

4．社会影响力越来越大

俗话说："学校十年功，难抵社会一分钟。"不良社会风气弥漫，贪污腐败、制假贩假、缺斤少两、唯利是图、拜金思想泛滥，社会公德沦丧，公民群体道德意识下降，这些都致使有的学生难以形成正确的人生观，失去进取心，更不用提行为习惯养成教育了。

（二）建议

1．加强学校与社会、家庭的共同教育

教师要经常家访，或与家长保持电话联系，及时向家长反馈学生在校表现，家长要有正确的指导方向，要关心子女，不任其自然，诚挚严肃，不过分宠爱，不粗暴简单，不歧视偏爱，端庄正派，耐心诱惑，耐心说服。同时教师、家长教育学生要有正确的人生观、价值观。

2．耐心辅导，做好学生生活、学习、思想工作

首先教师要言行一致，要求学生做到的，自己首先要做到。其次要积极引导、正面教育，在思想道德教育过程中要求

教师对学生进行正面疏导，启发自觉，面向学生，指明前进的方向，循循善诱。最后要尊重学生与严格要求学生相结合。首先，教师必须对学生充满感情，尊重学生的人格和自尊心，相信每一位学生都能成为社会主义建设人才。其次，要求应合理正确，明确具体和严格适度。另外，要坚定不移地贯彻，并且认真执行、检查、督促学生切实做到。

3. 做好班风、学风、校风的建设

一个优秀的班集体应该有优良的班风和传统，有正确的舆论。培养良好的班风要从形成正确的舆论做起，班上的学生对同学的行为和班上发生的事情能明辨是非，分清好坏。

校园文化建设的实施

学校文化是学校打造知名品牌的重要因素，是提升学校在社会公众心中的知名度和美誉度的重要途径。为进一步加强学校文化建设，营造良好的育人环境，全方位实施素质教育，全面提高教育质量，培养合格人才，根据教育部《关于大力加强中小学校园文化建设的通知》，强化校园文化建设的实施。

一、坚持正确的思想引领

坚持以中国特色社会主义理论为方针，以先进的办学理念为导向，挖掘船山文化的内涵，积极构建浓厚的校园文化和特色鲜明的学校理念文化；逐步完善科学化、系统化、规范化、人文化的学校制度文化；努力创设以美化、绿化、净化、亮化为载体的、赏心悦目的书香校园，全面提升学校文化品位；在整体合理规划的前提下，积极构建单元板块文化，营造书香、高雅、活泼的生活和学习氛围，让师生和谐生活，健康快乐成长；创出以"文明礼仪"教育为重点的校本特色文化，努力打造品牌化校园，做到让社会认可，家长放心，学生满意，培养健康合格的优秀人才。

二、确保总体目标的实现

1.通过理念文化建设，把全体师生紧紧凝聚在学校核心精神周围，形成一种强大的向心力和凝聚力，从而塑造衡阳市一中优秀的学校形象、教师形象、学生形象，激发和激励每一名一中人奋发进取、自强不息。

2. 通过环境文化建设，营造一个具有浓厚文化气息和丰富文化内涵的校园环境，使师生置身于其中就可陶冶情操、美化心灵、激发灵感、启迪智慧。

3. 通过制度文化建设，对学校的全体师生形成一种约束功能，让每一名成员都知道应该做什么、怎样做、不该做什么，让遵守制度成为每一名成员的自觉行为。

4. 通过行为文化建设，塑造广大教职工德高、博学，以及外在美的形象和高雅文明素养，使每一名学生都能养成举止文明、待人礼貌的良好行为习惯。

5. 创设一中文化标志，在每一个地方每一个细小的方面都能体现特有的一中元素。

三、狠抓校园文化建设的实施

（一）总结积淀学校理念文化

1. 总结确立学校"理念文化"的主要内容和内涵。在通过广泛征集教职工、学生家长、学生及社会各界的意见的基础上，组织专门人员以召开研讨会等形式，确立学校的办学理念、办学目标、核心精神、校训、校风、教风、学风、学生誓词、教师誓词等，充分体现学校蕴藏着的丰厚的文化底蕴。此项工作已基本完成，并收到了很好的教育效果，目前学校的理念文化内容已深入到了每一位一中人心中。

学校理念文化的主要内容如下：

办学理念：教育即是服务

校训：努力创造奇迹

核心精神：经世致用的船山精神，团结互助的合作精神；爱岗敬业的奉献精神；锐意进取的开拓精神；革故鼎新的创新精神。

校风：文明守纪，敬业乐学。

教风：身正爱生，博学善教。

学风：善思乐学，求美求真。

办学目标：将学校建设成为教育思想领先、教育质量过硬、教改教研突出、管理科学规范、学校特色鲜明的全国示范性高中。

育人目标：培养具有国际视野、竞争意识、健全人格、全面发展、特长突出的现代中国人。

治校方略：依法治校、质量立校、科研兴校、文化强校。

教师誓词：

一中，我选择的精神家园；

教育，我钟情的神圣事业；

育人，我承载的终生使命。

我庄严宣誓：

我将用智慧践行"教育即是服务"的办学理念，

爱党爱国，服务人民，献身教育，依法治教，

恪尽职守，开拓创新，为人师表，立德修身，

严谨治学，勤勉求精，仁爱宽容，尊重学生，

传承文明，启智求真，因材施教，张扬个性，

淡泊名利，乐观进取，为国育才，铸就师魂。

"努力创造奇迹！"

学生誓词：

我是衡阳市一中的学生，爱校如家是我的责任，我以青春的名义庄严宣誓：

我是中国人，我爱我的祖国；

我是一中人，我爱我的学校；

感恩父母，尊老爱幼，

勿忘师恩，自强不息，

实在做人，认真做事，

勤奋读书，开启智慧，

知书达礼，明德诚信，

团结互助，宽容友善，

遵规守纪，乐学上进，

强身健体，报效国家，

用我的行动，为学校增光添彩，

用我的作为，谱写辉煌的乐章！

2.征集校园建筑、校园道路名称，征集确定新校歌，不断提炼学校理念文化，提升学校品位。

（二）完善制度文化建设

1.修订、完善、补充学校各项管理制度，并广泛征求意见，形成一个凸显本校优势、体现校本意识、具有学校特色的科学、规范、高效、完整的组织管理系统和制度体系，编印《衡阳市一中管理制度汇编》。从学校到班级让"以法治校（班）"的思想深入人心，在此基础上形成全员管理、自主管理，向着管理的最高境界——"无为而治"而不懈努力。

2. 开发校本教材,每一个教研组都要开发自己的校本教材,学校要组织编印《王船山》,让船山精神根植于每一位一中师生心中。编印《一中教师文集》、《一中学生优秀作文集》,在一中形成一个人人爱写、人人会写的氛围,编印《衡阳市一中师生安全手册》,并在校园公布,使全校师生人人知晓,人人会用,以不断强化师生的安全意识,培养师生遵纪守法意识和依法保护自身合法权益的能力。

3. 在管理中要坚持以人为本的原则,因人、因时、因事而宜,做到制度无情人有情,体现人文关怀,激发师生积极向上的工作学习情绪,创建和谐、愉悦的人文环境。

(三)以创"单元板块文化"为基点,多层次、立体化构建优美高雅的学校环境文化,并逐步开发深层内涵。

1. 校园整体环境的绿化、美化、人文化。根据实际情况,对学校各功能区进行系统设计规划。确定主题,进行全面文化氛围的营造。包括广场、大厅、走廊、教室、办公室的文化布置、学校文化墙、橱窗及文化雕塑等,努力打造"园林式"校园,拿出建设船山广场、增加雕塑、增设象征石、建设植物园等的具体方案,使校园鲜花争艳,塑像、石块交相辉映,使人赏心悦目,校园景色公园化力争突出特色,通过团拜会、青年教师座谈会、重阳节座谈会、各种形式的文体比赛,为教师庆祝生日等活动,营造浓厚温馨的家庭氛围,不断激励全体教职工执着追求奋发向上工作热情和工作干劲。

2. 班级(教室)文化。以班训为主题,以自主创新为原则,以整洁优美为目标,积极营造健康向上的班级文化。包括以班训和教师寄语为引领，以班级每月一个主题的板报评比为阵地，以守则、规范、名人名言警句，及班级学习、生活等各种园地板块为依托，形成整洁、愉悦、明快的班级氛围，给学生明快、健康、活泼、向上的班级学习活动环境，让每一个学生在文明、高雅、欢快的空间学习、生活、成长。

3. 走廊文化。根据不同楼房的特点，确立个性化的文化主题。然后分楼层，确立分主题，并围绕主题，选取以图片，学生作品、展板，园地，名人伟人照片，现实各种教育活动的照片、资料展示等为主要内容，以班级、科室、教研组为单位，创建富有教育意义及环境美化的楼道文化。让师生步入楼房就能感受高雅的文化气息，并从中受到启迪和感悟。

4. 宿舍文化。加强宿务管理，不断巩固军事化的管理成果。通过开展文明宿舍评比，以及各种自我管理技能的比赛（如叠被子、快速内务整理）等活动，锻炼和提高学生自我教育、自我管理、自我服务的能力，努力营造团结、友善的宿舍人文生活环境，让学生自觉养成良好的高品位的生活习惯，为今后成才打下坚实的生活基础。

5.升国旗文化。让每周一的升旗仪式及每天的升降旗制度深入每一位一中人的心中，从而潜移默化地把爱国、爱家乡、爱学校的教育贯穿于师生的每天工作生活之中。

6.餐厅文化。环境建设：净化餐厅，建设宽敞明亮的餐厅，使餐厅整洁、明亮，环境优雅。室内摆放鲜花绿草，使环境宜人。人文环境建设：悬挂宣传标语"讲究卫生，文明就餐"、"节约光荣，浪费可耻"、"自觉养成城市化高素养的就餐习惯"等，张贴名人字画，名人事例等，使每一块墙壁都成为育人阵地，杜绝饭后乱丢碗筷的陋习，使学生在就餐、用餐过程中养成良好的高素养的文明行为习惯。

7.节日文化。利用好具有教育意义的法定节日、传统节日、重大历史事件、纪念日等，开展主题教育活动。加强对学生进行民族精神教育、革命传统教育、爱国主义教育、传统美德教育、心理健康教育，特别要将社会主义荣辱观的教育内容与各种德育活动有机结合起来，增强学生的民族自尊心、自信心和自豪感，培养学生优秀品质。

8.团队文化。由团委会学生会组织，以"立足校园，辐射周边"的德育实践基地为依托，以加强团队组织建设，提高班团干部的组织管理能力为重点，以增强班级（团组织）的凝聚力和战斗力为目标，建设像合唱队、舞蹈队、京剧社、足球队、篮球队、排球队、羽毛球队、乒乓球队、读书社会等精品社团。

9.办公室文化。创建整洁舒适、文明向上、快乐温馨的工作环境，开展文明办公室检查评比活动，要求学习办公用品摆放合理有序，张贴教育名人字画、条幅、教师职业道德规范、教师职责分工等，强化室内卫生，清除卫生死角，做到窗明地净，空气清新，保持室内整洁，营造整洁舒适的工作氛围和书香高雅的教师（办公室）文化环境，提升教师工作、生活、学习品位，使教师在日常工作中感染和教育学生，从而树立了良好的教师形象。

10.教师文化。学校为每位教师量身定做春夏秋冬校服，教师在校只能着校服，展示一中教师整体风貌，开设教师咖啡馆，定期举办教师沙龙，开展读书交流活动，丰富教师业余生活，提高教师品位，使一中教师的言行举止、学识素养成为一道风景。

11.网络文化。建好一中校园网，丰富校园网的内容，高校利用校园网，建立校园网络办公系统。

12.校史文化。广泛搜集校友资源，建设校史陈列馆，充分发挥校史文化的激励作用。

（四）以"文明礼仪教育"为重点，创学校特色文化。开发校本课程，选派专任教师，开设文明礼仪教育课，让学生接受系统的文明礼仪教育，让学生在礼仪课上积淀人文素养、在礼仪课上了解礼仪文化的博大精深，并通过开展丰富多彩的文明礼仪教育活动，不断提升学生的文明素质，积极创建学校特色文化。

四、校园文化建设的保障

（一）加强领导，组建机构

学校文化建设是学校的基础性工作，各处室、全体教职工务必高度重视，要把这项工作确实摆到重要的日程上，确实加强组织领导。为了统一、集中全校的建设活动，学校成立由校长挂帅的文化建设领导小组"，下设办公室，负责制定计划，组织实施，协调各方面的工作事宜。全校各个部门，领导、老师、学生必须齐抓共管，主动参与、密切协调、积极合作，形成强大的合力。做到分工明确责任到位，落到实处。

（二）加强宣传，深入人心

在文化建设的整个过程中，要经常开展深入人心的宣传教育工作，增强主人翁意识，让师生认识到学校文化建设是尽自己的责任和义务。通过创编校刊、校报，以及校园广播、板报、橱窗等宣传阵地，鼓励全校师生组织起来，参与学校、班级（教室）、宿舍、餐厅、公共场所以及公共设施的文化建设与管理，让他们在自我管理、自我服务中不断地提高自身的道德水平和文化修养，要做到让每一位师生都置身于浓厚的学校文化建设之中，从中受到感染和教育。

（三）积极开展学校文化活动，不断丰富文化的内涵

1. 抓好学生日常行为规范教育和法制教育。完善学生管理制度，建立健全学生行为评价和反馈体系，开展学生干部轮流值周、值日活动，设立文明礼仪监督员，增强学生自我教育、自我管理能力，引导学生养成文明、守纪、勤奋、乐学的良好思想品德和行为习惯。

2. 组织开展第二课堂活动：如篮球队、田径队、音乐班、美术、书法班等兴趣小组，通过这些活动让每一位学生爱好一种运动，掌握一门器乐，写得一手好字，使学生在活动中掌握知识、学会技能、增强体质。举办科技艺术节、运动会，为学生搭建展示才华的舞台，促进学生全面、健康发展。

3. 抓好师德教育，鼓励教师要真正做到为人师表、教书育人，积极倡导教师关注每一个学生的每一天的学习生活，及时鼓励学生的进步，及时发现解决每一个学生遇到的困难和问题，让学生在校园都能健康快乐地成长。

4. 举办好以教师为主体的校园文化活动，如读书协会、教师论坛、每日一读、校本教研、教学展示、拜师会、恳谈会、团拜会、体育比赛、文娱活动等，关注教师身心健康、促进教师专业发展、丰富教师文化生活。

5. 开展以"我爱我家""我爱我校""我爱我班"为主题的文明创建活动，引导全体师生"争创星级文明科室、争创星级文明班级，争当文明教师、争做文明学生，营造整洁舒适、恬静雅致的工作、学习环境，倾心打造一中师生的群体形象。

6. 利用船山大讲坛，邀请国际国内大师进行系列讲座。

开展学校文化建设、争做文明师生，全面提升师生文化素质，全方位提高教育教学质量，不断优化育人环境，加强和改进学生思想道德教育工作，提高我校整体办学质量和水平，是塑造一中辉煌的重要举措，全校师生要切实从思想上高度重视，行动上积极参与，确保各项活动落到实处。

德育主题活动的践行

为加强和改进我校的德育工作，增强德育工作的科学性和时效性，根据《中共中央关于进一步加强和改进未成年人思想道德建设若干意见》的精神和《中学德育大纲》要求，通过德育活动的实施，逐步构建我校的德育体系，促进以爱国主义教育、弘扬民族文化与精神教育、行为养成教育、责任教育、诚信守纪教育、理想信念教育、团队教育、感恩教育、爱校爱家乡教育和民族团结教育等为主的德育工作，力求德育主题活动序列化。

高一：

总主题	月份	月主题	周次	周活动	主持	形式
公民教育	九月	养成教育	1	学习《中学生日常行为规范》	班主任	解读、讨论、测试
			2	文明卫生从我做起	班主任	班会
			3	养成良好的学习习惯	班主任	经验交流
			4	坚持不懈，仪容仪表规范	班主任	自查自纠
	十月	励志教育	5	我爱伟大的祖国	团委	演讲赛
			6	展望明天、把握今天	班委会	书面写出人生规划
			7	千里之行，始于足下	班主任	制订期中考试目标
			8	爱拼才会赢（期中考试动员	班主任	用名人成功事迹激励学生

总主题	月份	月主题	周次	周活动	主持	形式
公民教育	十一月	学习方法	9	出好以学法指导为主题的黑板报	班委会	
			10	召开家长会	学生处	
			11	学法指导讲座	年级组	
			12	学习经验交流会	班主任	
	十二月	感恩教育	13	感恩教育专题报告会	学生处	
			14	学会感恩，学会感激（写一封感谢信给父母、老师或同学）	班主任	
			15	感恩之心，你我同行（寻找身边感人事和人）	班主任	
			16	"感谢祖国培养我"征文活动	团委	
	一月	心理健康	17	心理健康知识讲座	电教心健教研组	
			18	抗挫折征文与生命格言设计比赛	团委	
			19	"让心灵充满阳光"为主题的班会课	班主任	
			20	主题黑板报	团委	

高二：

总主题	月份	月主题	周次	周活动	主持	形式
品质教育	九月	养成教育	1	学习《中学生日常行为规范》	班主任	解读、讨论、测试
			2	文明卫生从我做起	班主任	班会
			3	养成良好的学习习惯	班主任	经验交流
			4	坚持不懈，仪容仪表规范	班主任	自查自纠

总主题	月份	月主题	周次	周活动	主持	形式
品质教育	十月	目标教育	5	我的高二学习、生活规划	班主任	书面
			6	展望明天、把握今天	班委会	书面写出人生规划
			7	千里之行，始于足下	班主任	制订期中考试目标
			8	爱拼才会赢（期中考试动员）	班主任	用名人成功事迹激励学生
	十一月	人格教育	9	"倡导文明礼仪，塑造健康人格"主题班会	班主任	
			10	我的陋习有多少（学生自我教育，剖析）	班主任	
			11	"我为校园文明献一计"主题班会	班委会	
			12	感恩之心，你我同行（寻找身边感人事和人）	班主任	
	十二月	法制教育	13	出好以法制教育为内容黑板报	团委	
			14	法制讲座	学生处	
			15	法制知识竞赛	政治教研组	
			16	"遵纪守法从我做起"主题班会	班主任	
	一月	心理健康	17	心理健康知识讲座	电心健教研组	
			18	抗挫折征文与生命格言设计比赛	团委	
			19	"让心灵充满阳光"为主题的班会课	班主任	
			20	主题黑板报	团委	

高三：

总主题	月份	月主题	周次	周活动	主持	形式
责任教育	九月	养成教育	1	学习《中学生日常行为规范》	班主任	解读、讨论、测试
			2	文明卫生从我做起	班主任	班会
			3	养成良好的学习习惯	班主任	经验交流
			4	坚持不懈，仪容仪表规范	班主任	自查自纠
	十月	成人教育	5	"成人后的思考·我的人生规划设计"	班主任	演讲比赛
			6	今天我长大了	班委会	班会
			7	十八岁成人仪式	团委	会议
			8	爱拼才会赢（期中考试动员）	班主任	用名人成功事迹激励学生
	十一月	我的责任1	9	做自己命运的主人——担负起对自己的责任。	班主任	
			10	让父母因我而自豪——担负起对家庭的责任。	班主任	
			11	我为班级添光彩——担负起对班级的责任。	班委会	
			12	让一中因我而骄傲——担负起对学校的责任。	班主任	
	十二月	我的责任2	13	出好以法制教育为内容黑板报	团委	
			14	法制讲座	学生处	
			15	法制知识竞赛	政治教研组	
			16	天下兴亡，我的责任——担负起对祖国的责任。	班主任	

总主题	月份	月主题	周次	周活动	主持	形式
责任教育	一月	心理健康	17	心理健康知识讲座	心健教研组	
			18	抗挫折征文与生命格言设计比赛	团委	
			19	"让心灵充满阳光"为主题的班会课	班主任	
			20	主题黑板报	团委	

新课改下的德育工作探索

根据《中学德育大纲》和《爱国主义实施纲要》的要求，使学校德育进一步适应新课程改革的要求，必须坚持以《中共中央国务院关于进一步加强和改进未成年人思想道德建设的若干意见》和《基础教育课程改革纲要》为指导，发挥新课程整体的德育功能，坚持德育为先，育人为本。以弘扬和培育民族精神为核心，以公民道德教育和基本素质教育为重点，健全德育工作机制，完善德育体系，改进教育教学方法，以激励为主，以处罚为辅，以疏为主，以堵为辅，促进学生全面而有个性的发展，努力把德育工作提高到一个新水平。

一、明确目标，健全机制

培养学生成为热爱社会主义祖国、具有社会公德、文明行为习惯、遵纪守法的公民。在这个基础上引导他们逐步树立科学的人生观、世界观和价值观，培养有理想、有道德、有文化、有纪律的、立志报效祖国具有创新精神和创新能力的建设者和接班人。

学校领导、学生处、班主任是学校德育工作队伍的骨干力量，建立"年级为管理模块、班级为管理单位、小组为管理单元、教职工全员参与"的"全员育人"管理机制，同时学生会、团委会干部是学校德育工作的生力军。

二、努力践行，积极探索

（一）推进学生思想道德建设

1．主题教育

其主要形式是主题班会。突出几个重点：高一：公民教育；高二：品质教育；高三：责任教育。每个学期由学生处定好每两周的一次的主题班会的主题，具体落实几个步骤：学习宣传—制定方案—组织实施—征文活动—展示活动—巩固总结（附表：衡阳市第一中学德育主题活动实施方案）。

2．节日教育

落实"一二三四"工作思路，即办好"船山大讲坛"；打造两个品牌："学雷锋活动月"与"读书活动月"；办好三个节：科技文化节，合唱节、体育节；举行四项比赛：校园歌手大赛、演讲比赛、主持人大赛、英语口语比赛。另外，以传统节日活动为载体，结合我校实际开展思想道德教育，有利于培养学生的良好价值现、思想道德和健全的心理。（附表：节日活动安排）

活动实施

（1）学生处、团委、学生会在广泛讨论的基础上，设计节日活动主题、内容及形式。

（2）学生处向校行政会上报活动的策划情况，征求意见，完善各项工作。召开班主任会议，布置有关活动内容。

（3）各班围绕主题，在学校团委、学生会的指导配合下，设计适合本班特色的自主活动。

（4）校园网公布活动方案。

（5）举办如船山讲坛、相关知识讲座、演讲比赛、合唱比赛等一系列辅助活动。

3. 日常行为规范教育

日常行为规范教育要做到"小、近、实"，"小"就是要从小的日常行为做起，以小见大，以小促大；"近"就是要贴近学生的日常生活；"实"就是内容要具体，要知行统一。

具体实施

（1）修订《衡阳市一中学生一日常规》培训教材，人手一册。（附表：学生一日常规）

（2）军训期间对学生进行日常行为规范教育。

（3）各年级主题班会每学期安排 1~2 次日常行为规范教育。

（4）通过一些活动的开展，如："叠被子、快速内务整理比赛"，"文明礼仪讲座"，"这周我当家"等，让日常行为规范教育有实效。

（5）重点落实几项常规：校服、校牌、文明卫生习惯、电子产品及违纪上网的预防与处理。

4. 办好家长学校，激发育人合力

积极拓宽德育工作渠道，加强教师与家长的沟通。发挥家庭教育资源优势，促进学校和家长的交流，以达到对学生最优化的教育效果，促进学校工作持续、稳定、健康发展。

措施：

（1）制定学年家长学校教学计划，明确全年家长学校教学时间、地点、讲课内容、责任教师。

（2）认真对待每次家长会，每次家长会由学校给定一个主题。

（3）家长会的形式要呈现多样化。

5．增强全员育人意识

（1）重点：导师制。所有老师均是学生的德育导师，每学期初由班主任协调好各科任教师，实行双向选择，为每个学生分配好导师。各导师根据学生的实际开展德育工作，每期要求至少10次，工作要有计划、记录、反馈、总结。

（2）学校的教职工，无论是否直接从事教育、教学工作，事实上在为教育服务，对学生负有教育的责任。

（3）各科教师要教书育人，为人师表，认真落实本学科的德育任务要求，结合学科特点，寓德育于各科教学内容和教学过程之中。学科德育渗透的整体构想，要贯穿在课堂教学的各个主要环节中，应体现在教学目标、教学内容、教学方法、课堂气氛、教师修养等方面。

6．通过时事专题讲座让学生关注时事、关注政治、认识社会，提高学生的综合素质，提高社会责任感。通过学生星级评选激励学生不断追求、不断上进，培养学生自我认识、自我调控、自我解悟、自我评价、自我扬弃、自我竞争、自我超越和自我创新的能力，全面提高学生的素质。

（二）加强活动德育，推进社会实践活动建设

（1）建立德育基地与劳动基地。

（2）进一步完善"雨母山远足"活动，在前期准备、宣传、

途中、雨母山中活动、以及后续的总结反思进行充分的拓展，把"雨母山远足"活动变成我校德育的品牌。

（3）各班利用周末开展的社会实践活动每期至少两次。

（4）学校除开设劳技课外，还要组织学生参加公益劳动和到劳动基地参加一定的生产劳动。

（5）组织学生参观、访问、进行社会调查，参加社区服务和军训等实践活动。

另外，以班级为平台开展社会实践活动的措施有：

（a）每班要有三年德育规划，对学生在校三年、每学年、每学期在德育基地及劳动基地开展社会实践活动的内容、目标、教育主题、主题活动等都进行了详细策划和精心安排。

（b）活动实施有明确的目的和要求。

（c）半期上交资料一次，期末上交资料一次。资料含计划、表格、学生心得体会、活动照片等。

（d）社会实践列入学生必修学分内容，高一、高二共计6学分。

（e）班级社会实践活动占量化考核的10%列入班级量化考核内容。学校的评价以资料为主。

（三）推进学生自主管理学生自主管理机构

(1)设校长助理，每个年级3名共9人。

(2)校学生会设主席团（1名主席、2名副主席），主席团下设学习部、纪检部、卫生部、宿管部、宣传部、食堂监管部、评价部、志愿者委员会，每部设部长1人，副部长 2—3 人，成员若干。

（3）年级成立自主管理委员会，设主任1名，副主任2名，下设仪容仪表部、宿管部、纪检部、卫生部、生活部、评价部、志愿者管理委员会，每部设部长 1 人，副部长 2—3 人，成员若干。

（4）班级设立常务班长、团支书、卫生部、体育部、文化部、生活部、纪检部、宿管部、学习部、评价部，每个部由 2~3 人组成。值周班长由管理团队成员轮流担任、值日班长由全班同学轮流担任。（附表：学生干部职责）

自主管理推行措施

年级"值周班"制度

"值周班"是学生自主管理在年级层面的主要实施形式。值周班由各年级自然班依次轮流担当，让每一名同学都体验到管理的主体性，在自主管理的实践中增强自我管理的能力，由他律走向自律。

实施原则："六自一主"即"自我服务、自我管理、自我教育、自我发现、自我激励、自我实现，主动发展"

实施目的：探索学校学生管理的新型有效模式，充分发挥学生在学校生活、管理及教育活动中的自主性、主体性，最终实现自我教育、主动发展。

实施要求：

1.值周班停课一周，承担本年级一周内的常规自主管理、督促、检查、反馈和服务工作。

2.各班按有关要求认真做好准备工作、责任分工。

3. 佩戴必要标识，切实起到文明服务、自主管理的模范带头作用。

4. 分工明确、责任到人、落实到人。

5. 制定本班值周宣言，做好量化管理总结，并及时公布反馈。

实施流程：（见下表）

"自主管理值周班"量化管理分配表

值周班：级班时间：年月日至月日班长：

类别	项目	隶属部门	时间	地点	人员安排	责任分工
常规自主管理	出勤	学习部 纪检部	早：6：50—7：20；下午：2：30—2：55；晚上：18：40—19：00	本年级教学楼走廊两侧	每楼梯口2人，共20人	对各班迟到学生登记、扣分（按检查时间提前5分钟到岗）。
	封闭管理	纪检部	早：7：20—8：00；中：12：00—12：30；晚：21：10—21：50	学校东门与南门	每个校门安排6人共12人	协助保安执行封闭管理，对违纪情况进行登记、扣分，对违纪学生进行教育。
	早自习	学习部 纪检部	早6：50—7：20	本年级各班	共6人	对各班早自习纪律情况进行检查、打分。
	课间操	体育部	课间操时间	室内	每层2人，共10人	检查各班留人情况（最多3人），并打分。
			课间操时间	室外	共30人	每两个班由3人负责集合秩序、人数清点和做操质量。
	眼保健操	体育部	下午、晚自习眼保健操时间	本年级各班	每层2人，共10人	维护眼操秩序，对不认真同学教育、制止，眼操打分并反馈。
	就餐	生活部 卫生部	学生用餐时间	本年级用餐所在地	每个餐窗口2人，就餐区域共3队。每队6人。	维护就餐排队秩序，对不遵守就餐纪律的同学教育、制止。检查就餐卫生情况并记录。

类别	项目	隶属部门	时间	地点	人员安排	责任分工
	卫生	卫生部	1、早8：10—8：30；2．下午眼保健操时间	1、室内 2、室外卫生责任区	卫生检查：每层2人 卫生监督岗：10人	同卫生部同学进行卫生检查，回收卫生打分表，并反馈。监督卫生保洁，维护公益区卫生。
	晚自习	学习部 纪检部	晚自习时间	本年级各班	每层2人，共10人	晚自习纪律巡检，打分。
	午休	宿管部	午休时间	本年级各宿舍	每层3人	协助生活老师、值班老师维持纪律，打分，通报反馈每天宿舍成绩。
	晚就寝	宿管部	晚就寝熄灯后	本年级各宿舍	每层3人	协助生活老师、值班老师维持纪律，打分，通报反馈每天宿舍成绩。

实施说明：

1．各班根据本班情况参照表格中的说明分配人员、落实岗位、责任到人。

2．各检查项目均由学生会相关部门及值周班责任人员共同负责，相互配合，学生会相关部门负责本管理项目的组织、指导、督察，值周班责任人员负责落实、执行，组长负责人员分配、结果汇总、反馈。

3．"人员安排"栏人数设置是最低人数，各班可根据实际情况酌情增加。

4．值周时间为周一至周五，周日晚检查项目成绩并入周五成绩。

5．对公示检查成绩有疑问的班级请本班相应班委同学或班长向学生会相应负责部门询问或核实，或直接到学生处查询。

6．未尽事宜学生处拥有最终解释权。

班级"值日班长、值周班长"制度

"值日班长、值周班长"制度是以班级为基础,通过学生担任值日班长为每一个学生提供参与班级管理的条件和空间,激发学生的自律精神和责任心,充分调动和激发学生自我管理、自我教育、自我发展的主动性和自觉性,培养和加强学生的主体意识和管理能力。

推进措施:

1. 值周班长一般由班委担任,常务班长安排由班主任确认,值日班长由全班同学轮流担任。

2. 在班主任指导下,每个小组拿出一个班规,各小组进行竞赛,打分,评出优胜小组,然后由优胜小组组成班规制定委员会,对班规进行修改,制定新的班规到班上进行宣读,评分,答辩,高分通过,低分重来,制定之后试行一周,基本没有问题后,大家进行表决通过,签字,上墙。班规表决的通过形式要热烈隆重,让学生的印象深刻,心灵受到洗礼,每一个人都牢记大家都必须信守的信条。

3. 个体自我管理:按照学校自主管理精神,以"六自一主"作为个体发展理念,自觉遵守学校的规章制度,自我管理、自我约束、主动发展。学校印制学生自主管理手册,学生每天记录《成长日记》,记录自己每天在学习、生活、管理中的所思所获,反思自己在成长过程中的不足,以达到自我教育、自我成长的目的。

4. 小组管理:小组长全面负责组内各项工作,监督各项班规的落实,组织好每节课前的预习,课堂自学、讨论、展示和点评，负责小组作业收交，每天检查《成长日记》，检查学习落实情况，每天简短总结小组内各方面表现，对违纪学生进行教育。每天《积分记录》由小组安排记录员记录，评价部确认，值日班长公示。小组内成员要有整体意识、团结意识，服从小组长领导。

5.班级自主管理：以班级"值日班长、值周班长"制度为着力点，由常务班长总负责，值周班长负责一周，值日班长负责一天，值日班长具体负责。每学期之始常务班长根据校行事历安排好值周班长，并与值周班长一起安排好值日班长，并配合班主任主持召开好周主题班会，搞好一周总结。常务班长搞好整个班级各主面的分工及检查，发现问题及时通知值日班长搞好整改。值周班长组织协调好一周值日班长的整体安排和交接，召开下周值日班长会议，布置一周主要工作；搞好值日班长之间的衔接，检查好班务日志；督促值周内班级工作，填好值周记录；与班主任及时沟通，作好周末一周总结。值日班长具体负责班级这一天的常规管理，做好每天的班级管理记录；值日班长具体负责填写班级日志，每月学校定期对各个班级的班级日志进行评比，公布优秀班级日志，对优秀班级日志进行表彰展示。

说明：（1）学生会及年级自主管理委员会根据校行事历对各事项进行安排，安排值周班工作，负责本管理项目的组织、指导、督察。各部门记录好各班的每日班级量化，评价部负责作好每周各班量化报学生处；协调、配合学校组织各项工作。

（2）学校每月对各班各部评价，评选出优秀管理班级及优秀管理部门。在此基础上评出"星级班级"。

（四）班级文化建设

（1）显性文化

室内要求洁、净、美，班级要有班名、班徽、班训、教师寄语等。学生要求有纠错本、成长日记。

（2）精神文化

以培养优良的班风、培养班级的凝聚力和集体荣誉感、培养学生如何做人、营造和谐的班级人际关系为主要手段。

（3）制度文化

以班规为行动指南，确定纪律、卫生、德育、学习、体育各项标准，并且辅之以品德考核暨纪律量化标准，使对学生日常行为规范评价规范化、具体化和制度化。

（五）培训机制

（1）各部门根据学校的总体发展目标，结合自己部门实际科学制定目标。

（2）每一周的培训和管理都要以目标管理为核心开展，总结上周的目标推进情况，计划下周的目标发展措施。

（3）培训是自上而下的。培训的形式要多样化，培训的内容要定目标、定时量、避免过多过长。

（4）学校培训班主任，首先是培训管理团队的建构，其次是小组建设，出台各部的职责等等。

（5）由学校以及班主任根据各部的职责培训学生及各部长。

（6）班主任培训各小组长班主任不定期组织小组长培训会，不定期组织小组长交流会。

（六）评价机制

班主任评价机制

考核原则

1、以人为本，激励进取的原则；

2、认真负责，促进发展的原则；

3、公平公开，全面考察的原则。

考核方法

1.认真制定考核的细则，在考核前向班主任老师宣讲，使班主任老师在考核的过程中主动参与。

2.考核过程中，做好详细的记录，使考核有最大的说服力。

3.考核由各年级组同行、值周班、学生代表、家长代表、行政领导以及各部门协同考核。

4.考核采用定性和定量相结合的方法；考核结果出来后，及时向班主任老师反馈考核意见，以考核促进班主任更加智慧地开展工作。

考核标准

（I）积分办法：

1.班主任考核分为《班主任基础性指标考核》和《发展性指标考核》两部分。

2.班主任基础性指标考核分采用得分制和扣分制相结合的方法；发展性指标考核为班级综合考核分。

3.基础性指标满分为200分；同行评价、领导评价、学生评价、家长评价每项满分10分。

4.班主任考核总分＝基础性指标考核得分×0.35+（同行

评价得分＋领导评价得分＋学生评价得分＋家长评价得分）×0.5＋发展性指标考核分×0.2

（Ⅱ）基础性指标考核内容说明：

1. 常规工作：（30分）

①能按时参加学校组织召开的班主任会议和培训活动，满分5分，缺席者每次扣1分。（以学校会议纪录为依据）

②能认真组织上好每周一次的班会课。班会课按时到岗，班会课形式活泼、内容健康向上，要有主题，有方案，有记录。班会活动课不得挪作他用。满分5分，缺少一次扣0.5分。（以学生处检查和班主任主题教育活动记录为依据）

③认真填写《班主任工作手册》，满分5分，缺填一项扣1分。每半期按规定时间各上交一次，缺交一次扣3分，扣完为止。

④能及时认真填写学校下发的各种表格，满分5分，迟交者每次扣0.5分，不交者每次扣1分。（以学校发表部门统计记录，学生处统计为依据）

⑤对学校安排的临时性工作执行力强，满分5分，不执行者每次扣2分，扣完为止。（以各处室统计为依据）

⑥落实下宿舍常规，每周深入宿舍至少3次，满分5分，每周少1次扣0.5分，扣完为止。（以行政值班统计记录为依据）

2. 班级管理：（170分）

①班集体建设

a、开学前能及时制订本学期班主任工作计划；学期结束前能及时撰写班主任工作总结，按时上交者得5分，迟交者

扣 2 分，不交者 0 分。（学生处统计）

  b、能做好对班干部的选拔、培养和指导工作。督促学生干部按时参加学校各种工作会议，并能按时完成任务；每月至少培训学生干部 1 次，每学期不得少于 5 次，要求有会议纪录。满分 5 分，每少组织或少参加一次扣 0.5 分。（以班主任工作手册记录和班干部记录以及校团队记录为依据）

  ②全期"星级班级"五项评比量化进行折算。满分 100 分。（以值周班检查记录，再结合学生处卫生检查结果为依据）

  ③班主任出勤率达到学校要求，满分 10 分，学校要求班主任每天必到的几项常规每缺一次扣 0.1 分，扣完为止。（以行政值班记录为依据）

  ④经常和学生家长取得联系，满分 5 分。（以上交的家校联系册、家校联系单为依据，由学生处统计）

  ⑤集会、课外活动时的纪律情况，满分 5 分，一次评价为差扣 1 分。（值周班检查结果为依据）

  ⑥出勤：学生迟到、早退和旷课情况、学生出操率。满分 5 分，按实际扣分 ×0.1 进行扣分。（以值周班记录为依据）

  ⑦爱护公物，如爱护花草、树木、环境、节水节电、爱护电力、消防，爱护课桌板凳、门窗壁画等公共财产情况等。满分 5 分。（以学生处抽查和值周班检查结果、总务处期末检查结果为依据）

  ⑧教育并组织学生积极参加社会实践活动、文体活动、志愿者服务队活动，培养学生劳动观念。满分 10 分。（以学生处、团委、体育组统计为依据）

⑨教学管理：教育学生明确学习目的，端正学习态度，努力学好各门课，培养学生积极向上的良好学风。根据班级学习情况，上课情况，作业情况等。满分20分。（以教务处评价得分为依据）

3. 发展性指标考核内容（创优创新项目），（各项累计不超过10分）

①能积极主动参加或承担学校各项突击性和特殊性活动者。每参加一次另加2分。（学校各部门提供证明）

②能积极学习新的教育理念和班主任工作艺术，主动承担主题班会、科研课题的，承担一项另加3分。（以主题班会和课题立项书为依据）

③能积极撰写有关教育管理方面的论文，市级每篇另加3分，省级每篇另加5分，国家级每篇另加10分。（以文章原件和证书为依据）

④学生参赛：参加各种校内大型活动获团体奖（如校运动会等），一等奖得3分，二等奖得2分，三等奖得1分。不同奖项可累计，同一奖项以最高奖统计。能积极组织学生参加各类学科竞赛，国家级一等奖得7分，国家级二等奖得6分，国家级三等奖（省级一等奖）得5分，省级二等奖（市级一等奖）得4分，省级三等奖（市级二等奖、校级一等奖）得3分，市级三等奖（校级二等奖）得2分，校级三等奖得1分。自主招生上清华、北大的得7分，985院校上线的得6分，其他院校上线的得5分。不同奖项可累计，同一奖项以最高奖统计。最多加分不超过10分。（以竞赛公布的结果为准）

⑤班主任和班级学生好人好事受到社会相关组织表彰或获得荣誉称号的另加3分。（以文件、证书、来电来信为依据）

（Ⅲ）各类评价（40分）

根据学校学期工作目标进行管理考评，学生处制订评价表。

同行评价（10分）：由班级科任教师进行评价

领导评价（10分）：由年级组领导小组进行评价

学生评价（10分）：由学生处组织各班学生全员参与进行评价

家长评价（10分）：在举行家长会时学生会组织进行评价

说明：有下列情形之一者在评选优秀班主任时实行一票否决（1）不执行新课改；（2）班内出现安全事故；（3）排斥、歧视差生或班级发生重大事件影响较坏，损失较大。

加强学生德育规范，做"四有"新人

德育即对学生进行政治、思想、道德和心理品质教育。根据《中学德育大纲》和《爱国主义实施纲要》的要求，学校德育工作坚持从我国的国情出发，遵循党的关于社会主义精神文明建设的指导方针，坚持实事求是的思想路线，针对中学生的特点和身心发展规律，遵循知、情、意、行的认识规律，循序渐进地对学生进行基本思想政治观点、基本道德、保护环境、基础文明行为教育，良好个性心理品质和品德能力的培养，使学校德育工作逐步实现科学化、规范化、制度化，培养学生成为热爱社会主义祖国、具有社会公德、文明行为习惯、遵纪守法的公民。在这个基础上引导他们逐步树立科学的人生观、世界观和价值观，培养有理想、有道德、有文化、有纪律的、立志报效祖国具有创新精神和创新能力的建设者和接班人。

一、制定德育规范细则

（一）思想道德建设

1.爱国主义教育、中国人民斗争史、革命史、创业史和继承发扬爱国主义光荣传统的教育；国家观念——国家利益高于一切，个人利益服从国家利益的教育；加强民族团结，反对民族分裂的教育；正确认识承传中华民族优秀思想文化传统，汲取世界先进文明成果的教育；社会主义现代化建设发展前景和报效祖国的教育。

2.集体主义教育、团结协作的教育；正确处理个人利益与集体利益、国家利益关系的教育；以集体主义为导向的人生价值教育。

3.马克思主义常识和社会主义教育。

4.理想教育；勤奋学习、立志成材，树立社会责任感的教育；正确的人生理想教育；献身有中国特色的社会主义理想信念教育。

5.道德教育；自觉遵守社会公德的教育和道德评价能力的培养；《中学生日常行为规范》和现代交往礼仪的教育与训练。

6.劳动和社会实践教育；以参加社会公益劳动，学农、军训为主的劳动及社会实践锻炼和艰苦奋斗精神的培养教育。

7.社会主义民主观念和遵纪守法的教育；遵守宪法，尊重人权，维护社会稳定的教育，知法守法，抵制违法乱纪行为的教育；自觉遵守学校纪律的规章制度的教育。

8.良好个性心理品质的教育；自尊自爱、自强自立、开拓进取的教育；健康生活和健全人格的培养教育；青春期心理健康、友谊、家庭的教育和行为指导；坚强意志品格和承受挫折能力的培养训练。

（二）行为习惯培养

1.刻苦学习

1）按时上下课，遵守课堂纪律。

2）互相帮助，互相竞争，自信顽强，努力向上。

3）上课专心听讲，勤于思考，勇于质疑，积极参与小组讨论，勇于展示发表见解。

4）讲究学法，提高学习效率。

5）主动学习，珍惜时间，争分夺秒。

6）按时完成作业，认真规范。

7）忠诚应考，提高应试能力。

8）自主学习，定好计划，增加自我约束能力，搞好双休日和自习时间的自我提高、自我发展。

9）充分利用每一分钟。

10）有计划地搞好阅读，丰富自己的文化底蕴。

2．尊敬师长

1）尊重教职员工，见面行点头礼，主动问好，主动让路。

2）进办公室先喊报告，经允许后方可进入。

3）上正课前先向老师行礼问好。

4）按时上下课，中间不外出。

5）上课时保持坐姿端正，有问题先举手，征得同意后起立发言或提问，回答问题要积极踊跃，声音洪亮。

6）同老师谈话要谦虚谨慎，等老师讲完后再讲。

7）关心老师，和老师说再见，并迅速把黑板擦干净。

8）理解老师，对老师态度诚恳，不顶撞老师，与老师积极合作。

3．团结同学

1）同学之间互相尊重、团结互助、真诚相待，高年级同学爱护低年级同学，低年级同学尊重高年级同学。

2）男女同学正常交往，建立纯洁友谊。

3）同学之间有矛盾时多做自我批评，并请老师帮忙协调，知错就改。

4）动用别人的物品需先征得同意，特别是个人生活用品及个人隐私物品。

5）说话真诚，答应他人的事要做到，做不到时表示歉意；借他人钱物要及时归还。

6）使用礼貌用语，讲话注意场合，多理解体谅同学。

7）每天赞美五个同学，说20句赞美同学的话，多给同学一个微笑。

4．注重仪表

1）穿戴整洁、朴素、大方。

2）穿校服。春秋季校服的拉链拉到与衣服上衡阳市一中校徽图案对齐。

3）男生理平头，女生留短发或扎小辫子，头发保持自然色，每周洗两次。

4）穿运动鞋或平底鞋。

5）讲普通话，语言文明。

5．讲究卫生

1）讲究个人卫生，洗净的衣服叠整齐放在储物柜里。

2）勤洗漱、勤洗澡。

3）三餐后要及时洗净餐具。

4）饭前便后要洗手。

5）合理摆放储物柜内物品，保证既整齐又达到最大使用率。

6)起床后叠好被褥,摆放好鞋子,放好洗漱用品。

7)个人生活垃圾一律扔到垃圾桶里。

8)合理摆放教室内书籍,除几本当天用的必备书放在课桌上外,其余放在书架或课桌内,并摆放整齐。

9)讲究公共卫生,认真值日,打扫好宿舍卫生,先扫净再拖净,开窗通风,及时锁门。

10)公益区卫生整理要及时、认真、干净,到边到沿,垃圾桶倒后要放正并擦干净。

11)教室内卫生打扫及时、认真、干净,到边到沿,卫生工具摆放整齐。

12)在餐厅吃完饭掉在桌上的饭菜要打扫干净。

13)在校园内远离零食,水果只能在宿舍或餐厅内吃。

14)集会时保持场地干净。

6．爱护公物

1)爱护学校内的一切公物设施。

2)爱护教室内的课桌凳,轻拿轻放。

3)爱护黑板,所有的黑板防止被硬物碰。

4)风大玻璃易碎,出入教室关好门,放学时及时关闭门窗。

5)开关门时用手轻轻开,轻轻关。

6)开关灯时轻开轻关。

7)宿舍内储物柜门轻开轻关。

8)冲厕所时用手轻摁开关。

9)出入操场和校门口走正门,不攀爬护栏。

10)爱护学校内外的一草一木,尊重绿化人员的劳动果实。

7．勤俭节约

1）生活节俭，穿着朴素。

2）合理利用零花钱，多用"零食换名著"。

3）爱惜餐厅内的一粥一饭，吃多少打多少。

4）做事情要节约时间，提高效率。

5）及时关灯，适时开、关电扇。

6）用完水后及时关闭水龙头。

8．诚实守信

1）对老师要诚实，知错就改。

2）对同学要守信，承诺别人的事情要办到。

3）如实向父母汇报自己的学习情况和在校表现。

4）忠诚应考。

9．孝敬父母

1）认真学习，用优异成绩报答父母。

2）在校遵规守纪，让父母放心。

3）体贴帮助父母长辈，主动承担力所能及的家务劳动，关心照顾兄弟姐妹。

4）经常与父母交流生活、学习、思想等情况，尊重父母意见和教导。

5）学会料理个人生活，自己的衣物用品收放整齐。

6）生活节俭、善于积攒零花钱。

7）外出和到家时向父母打招呼，经家长同意，方可在外住宿或留宿他人。

8）每年母亲节、父亲节、感恩节要向妈妈、爸爸送上祝福。

9）记住父母的生日,及时送出生日祝福。

10．遵守公德

1）遵守国家法律。

2）遵守交通法规。

3）遵守公共秩序,乘公共交通工具主动购票,给老、幼、病、残、孕及师长让座。

4）爱护公用设施,文物古迹,爱护庄稼、花草、树木,爱护有益动物和生态环境。

5）遵守网络道德和安全规定。

6）珍爱生命、远离烟酒,拒绝毒品。

7）公共场所小声说话,瞻仰烈士陵园等相关场所保持肃穆,观看演出和比赛,做文明观众,及时鼓掌。

8）见义勇为,敢于斗争,对违反社会公德的行为要进行劝阻,发现违法犯罪行为要及时报告。

二、实施途径

学校是德育的主基地,要寓德育于学校全部工作之中,做到教书育人、活动育人、管理育人、服务育人、环境育人。

（一）编制《衡阳市一中德育规范细则》,人手一册,以《细则》为基础,制定详细的考核标准,为学生每人建立一个德育档案。

（二）建构一个管理框架,定期对管理团队进行培训,培训应从上而下逐级培训,而制度的制订应从下而上进行综合整理最后形成完整的管理制度。由学生处、年级组、班主任、学生会及团委会及学生自主管理委员会组建成一个评价体系,每周、每月、每期进行评价。

（三）学生成立自主管理委员会

（1）学生会、团委会管理包括日常行政管理，常规管理，双休管理，社团管理，及各班级自主管理人员培训。

（2）班委管理由常务班长总负责，值周班长负责一周，值日班长负责一天，值日班长具体负责。每学期之始常务班长根据校行事历安排好值周班长，并与值周班长一起安排好值日班长，并配合班主任主持召开好周末主题班会，搞好一周总结。常务班长搞好整个班级各方面的分工及检查，发现问题及时通知值日班长搞好整改。值周班长组织协调好一周值日班长的整体安排和交接，召开下周值日班长会议，布置一周主要工作；搞好值日班长之间的衔接，检查好班务日志；督促值周内班级工作，填好值周记录；与班主任及时沟通，作好周末一周总结。值日班长具体负责班级这一天的常规管理，做好每天的班级管理记录；值日班长具体负责填写班级日志，每月学校定期对各个班级的班级日志进行评比，公布优秀班级日志，对优秀班级日志进行表彰展示。

（3）小组管理包括学习小组的管理与宿舍的管理

（四）提高全体教职工的育人意识，做好德育工作，不只是学生处、班主任的责任。由于德育工作的社会性特点，学校的教职工，无论是否直接从事教育、教学工作，事实上在为教育服务，对学生负有教育的责任。由于教育工作者在教育中的主导性和权威性特点，学生往往把教职员工当做他们效仿的榜样，因此教职工在学生面前的一切行动都有榜样的示范效果，都有教育作用，从教育学的角度讲，教育者的师德风范，对学生的教育影响具有潜移默化的功能，因此教职工要加强师德修养，只有提高全体教职员工素质，人人重视德育工作，使校内形成良好的教育氛围，才能达到德育的最佳效果。加强师德修养，提高教职工的素质，重在增强对教育的事业心，对学生的爱心，对工作的责任心。树立育人意识，在自己的本职工作中落实育人、实现育人。

（五）发挥课堂主渠道的教育功能，发挥课堂主渠道的教育功能是德育的一个重要方面。各科教学是教师在向学生传授知识的同时进行德育的最经常的途径。各科教师要教书育人，为人师表，认真落实本学科的德育任务要求，结合学科特点，寓德育于各科教学内容和教学过程之中。教育的阶段性决定了各科教学教育因素的规定性，这一点各学科的教学大纲已有明确阐述，因此教学的教育性是古今中外教育家所确认的一条不以人们的意志为转移的客观规律。教育总是受社会政治、经济所制约的，必然要把这种影响渗透到整个教育和教学过程中，教书育人总是连在一起的。学校要求老师认真钻研教学大纲和教材，结合本学科的特点，充分挖掘教材本身的思想、政治、品质等教育因素，以灌输、熏陶、感染的方式将这些因素贯彻到本学科的全部教学活动中去，把传授知识与思想教育有机地结合起来。学科德育渗透的整体构想，要贯穿在课堂教学的各个主要环节中，应体现在教学目标、教学内容、教学方法、课堂气氛、教师修养等方面。

（六）强化班主任职能。班主任工作是培养良好思想品质和指导学生健康成长的重要途径。班主任是本班学生的领导者、组织者、教育者，是学校德育的直接实施者，对学生全面发展负责。班主任要遵循教育的原则，依据教育规律，结合本班学生的实际情况，有计划地开展活动；组织和建设好班组集体，做好个别学生教育工作，加强班级管理，形成良好的班风。班主任应该对学生有爱心、有耐心、有责任心，只有这样才能有效地对学生实施教育。教学班是学校教育教学的基本单位，教学班的德育工作是学校德育工作的基础，直接关系到校风的优劣。实践证明，坚强的学生集体是巨大的教育力量，班集体的正确舆论，良好风气对每个学生的成长有着极大的推动作用。班主任要注意发挥学生的主观能动性，培养他们自我教育，自我管理，自我服务，自我约束的能力。密切联系家长，积极争取家长与社会力量的支持配合。

（七）校园文化建设整洁、优美、富有教育意义的校园环境是形成整体性教育氛围的不可缺少的条件。优美整洁的环境能使学生心境清新，使学生受到美的熏陶，有助于形成高尚的道德情操和养成良好的文明行为习惯，进而养成自觉的学习习惯。利用黑板报、壁报、橱窗、广播、图书馆、校史展览室等多种形式，创造良好的多彩的校园文化。班级文化建设是促进学生全面发展不可或缺的重要组成部分，它作为一种特有的教育力量，渗透于一切活动之中，班级文化建设的基本过程为：在以班主任为指导的班级文化建设中，通过班级精神的导向、班级文化的熏陶、班级制度的管理等诸要素的相互作用使班级文化有序进行，形成一种积极向上的纷围，从而对学生心理素质的培养起到引导、平衡、充实和提高的作用。

（八）社会实践教育与劳动生产相结合的活动德育是坚持社会主义教育方向的一项基本措施，学校除开设劳技课外，还要指导学生自我服务性劳动和必要的家务劳动。组织学生参加一定的生产劳动和公益劳动，在劳动中切实培养学生热爱劳动，热爱劳动人民，珍惜劳动成果的思想感情、行为习惯和艰苦奋斗的作风；要组织学生参观、访问、进行社会调查，参加社区服务和军训等实践活动，使学生开阔眼界，认识国情，了解社会，增长才干，把理论和实践结合起来，增强辨别是非的能力。以班级为平台开展活动德育的措施有：

（1）每班要有三年德育规划，对学生在校三年、每学年、每学期在德育教育基地开展德育教育内容、目标、教育主题、主题活动等都进行了详细策划和精心安排。要求高一、高二年级每班每个学期必须开展一次活动。

（2）活动实施有明确的目的和要求。班级每一次活动德育都要有组织、有计划地进行，既要防止"为活动而活动"的倾向，也不能把它看作是可有可无的事或单纯玩的事，因此在开展每一次活动德育时，都要认真考虑它的主题，仔细选择活动的具体化材料，务必使每个活动都有明确的目的和方向，务必使组织者或参加者都明确活动的具体要求，以便达到最好的教育效果。

（3）每学期期末必须上交活动德育资料。上交资料必须含《活动德育审批报告》、《活动德育计划》、《活动德育总结》、部分学生心得体会、活动照片等。

（4）活动德育列入学生必修学分内容，每学期计2学分。

（5）班级活动德育占量化考核的10%列入班级量化考核

内容。开展活动较好的班级可以另外奖量化分。

三、科学评价

对学生品德进行评定是学校德育工作的重要组成部分，通过评定，鼓励学生发扬优点，克服缺点，促使学生不断地自我完善，并检查德育工作的情况，促进德育水平的提高。

（一）评价的基本原则

1. 评价内容的全面性原则。既要注重学生科学文化素质的评价，更要注重学生基础性发展目标的评价，改变单纯以学习成绩评价学生、选拔学生的做法。

2. 评价目标的发展性原则。用发展的观点评价学生，以激励学生健康、主动、全面发展为目标，表扬学生的进步，分析和理解学生的不足，促进学生提高成绩，弥补不足，健康快乐地成长。

3. 评价方法的多样化原则。基础素养评价要采取定量评价和定性评价有机结合的方法，多方式、多渠道，充分体现不同评价方法的优越性和互补性。

4. 评价主体的多元化原则。改变单纯由教师评价学生的做法，采取自评与他评相结合的方式，强化学生在评价中的主体地位，加强学生的自评和小组评价，使对学生的评价成为学生、教师、学校共同参与的交互性活动，激发评价主体和客体各自在学生评价中的能动作用。

5. 评价过程的动态化原则。评价的着眼点要瞄准学生自身的纵向发展，不仅要关注结果，更要关注学生成长发展的过程。终结性评价要与形成性评价有机结合，更加注重形成性评价。

6.评价结果的客观性原则。对学生进行评价时要做到及时、客观、公正、实事求是。评价结果要公开。

（二）评价的组织实施

1.组织领导。由校级领导、学生处、年级组、班主任、各年级干事、学生会及团委会及学生自主管理委员会组建成一个评价体系，组织实施评价，监督评价过程，接受咨询、投诉，处理评价过程中遇到的各种问题。

2.实施过程

学习小组评价

（1）班主任组织全体同学对每个小组落实学校基础素养评价方案情况进行评价，排定位次，评出优秀小组。

（2）班主任组织小组评价。要学习评价标准和细则，以及评价方式、方法，明确要求，学习小组长组织本小组成员自评、互评。

班主任在学生学习小组自评、互评的基础上，广泛征求任课教师意见，分别从六个维度为学生初定一个评定等级，并上报学生处。

学生处评价在各班评价的基础上，依据平日检查记录，评价每个学生；将调整后的评价结果反馈班主任并征求班主任的意见。

四、评价结果的呈现形式和处理

（一）评价结果的呈现形式

1.对学生的评价采用不同等级评价：六个维度的前两个维度（道德品质、公民素养）进行合格、不合格的评定，后四个维度（交流与合作、学习态度与能力、运动与健康、审美与表现）实行四等级评定，分别为优秀、良好、合格和不合格。

2.综合评语的评价形式：学期结束，班主任要针对学生基础素养六个维度的综合表现写出学生学期评语。

（二）评价结果的处理

1.分数划定：

在等级评价过程中，师生都要对"要素"进行等级评定，评价时分四个等级：优、良、合格、不合格。其中评为"优秀"等级的又分成95分和90分两级，评为"良好"等级的又分成85分和75分两级，评为"合格"等级的又分成70分和60分两级，评为"不合格"等级的又分成50分和40分两级。

2.师生评定：

1）学生互评和自评后，计算出某一学生各维度的平均得分

2）班主任在征求任课老师意见的基础上，对学生的每一维度给出科学的分数评定。

3.等级划定：

根据教师对学生的评定和学生自评互评中每个维度的得分，按照"最终总分 =（学生自评互评分数 + 班主任评价分数）÷2"的公式计算出每个维度得分，然后按照如下原则进行得分和等级之间转换：90 分以上为"优"；75 至 89 分为"良"；60 至 74 分为"合格"；59 分以下为"不合格"。再经过学生处的认定，转换成相应的最终等级。

创新学生评价，扩大评价维度

  优质高效的课堂教学改革能否可持续性发展，建立高中学生发展性评价体系是有力的保障，全面考察学生的学业情况和综合素质发展情况，把学生的创新精神、实践能力、个性发展和健全人格作为评价的重点，通过评价促进学生全面而有个性地发展。

  一是评价目标多元化。充分整合"知识与技能""过程和方法"、"态度情感和价值观"三个维度的评价要素，全面评价学生的发展，打破了传统的以成绩论英雄的评价方式。二是体现评价主体的多元性和互动化。改变了过去由教师单一评价学生的状况，充分听取来自学生、家长等多个评价主体的意见和建议，特别是尊重学生的自我评价和相互评价，例如学生展示和点评的计分就改变了老师定分数等级的单一方式，现在主要采用学生自评、小组互评方式。三是体现评价方式的多样化和灵活性。改变将考试作为唯一评价手段的作法，在改革纸笔测试的同时，合理运用观察、访谈、调查、成长记录等质性评价方式评价学生。特别是谭老师创立了"学生错误答疑的激励"评价方式（即学生在学习过程中出现了典型的、不可思议的、对广大同学有警示作用的错误进行加分评价），充分调动了学生的学习热情，激励学生不断追求与超越。四是注重评价的过程性和个性化。为学生建立综合、动态的成长记录袋和学生学习记录卡，关注学生学习过程中的点滴进步和变化，全面反映学生的成长历程。五是注重评价的即时性和激励性。无时不在的评价就是对学生无时不在的激励。即时评价不仅仅只是贯穿于课堂教学的各个环节，而是拓展到了学生的个性形成以及对学生人生观、世界观、价值观的正面引导，积极发现他们的闪光点，既要让学生体会到教师对他们的关注和期望，也让学生时刻体会成功的喜悦，激励学生不断追求与超越。

不论何种课堂，什么样课堂的改革，关键在于人的发展，课堂效率如何，根本点是看学生是否有收获，只有学生参与了的课堂才能高效。让学生积极参与，建立合理的学生发展性评价体系是有力的保障。对学生评价要多元化，个性化，即时性，激励性。

我经常在课堂采用如下方法来激励学生。

1. 创立"嫁接激励"，即在讲问题讲方法时充分肯定学生的方法，展示学生的方法，某种方法只要学生提到影子，我就说成是学生的方法。学生在问问题时，我共同探讨后，若这个问题需要向全体同学讲，我要么让这个学生讲，如果我自己讲评，我会说这个题的方法是某某同学告诉我的方法。

2. "学生错误答疑的激励"，即学生在学习过程中出现了典型的、不可思议的、对广大同学有警示作用的错误进行加分评价，充分调动了学生的学习热情，激励学生不断追求与超越。

3. "当一次老师的激励"，每个同学都有好表现的心态。

我在试卷讲评课时，通过评阅试卷，发现某同学的亮点，我就会与该同学讨论，再让该同学替老师讲评。

无时不在的评价就是对学生无时不在的激励。即时评价不仅仅只是贯穿于课堂教学的各个环节，而是拓展到了学生的个性形成以及对学生人生观、世界观、价值观的正面引导，积极发现他们的闪光点，既要让学生体会到教师对他们的关注和期望，也让学生时刻体会成功的喜悦，激励学生不断追求与超越。

517班操行分管理办法

一、纪律：

1. 迟到，早退 –1 分 / 人次，旷课 –2 分 / 人次

2. 上课、自习课讲话、睡觉、看课外书、做与课堂无关的事等 –2 分 / 人次

3. 影响课堂秩序被老师批评 –2 分 / 人次

4. 一周内出勤为满勤者 +2 分 / 人周

5. 一周内未出现课堂违纪者 +2 分 / 人周

6. 做好人好事、受到表扬的 +2 分 / 人次（由团支部登记，报评价部加分）

二、学习：

1. 因学习（如作业、课堂表现、成绩等）被老师点名表扬 +2 分 / 人次

2. 作业未完成或未及时完成 –1 分 / 人次

3. 作业抄袭者 -2 分 / 人次；

4. 作业（作文）评为"好""优"的 +2/ 科次（一个学科最多加 2 分）

5. 本周作业全部完成者 +2 分 / 人周

6. 课堂积极主动回答老师的问题且答对者且被老师表扬 +2 分 / 人次，答错者且是典型错误被老师表扬 +2 分

三、成绩：

1. 每次考试班级排名，前 5 名 +6 分 / 人次，前 10 名 +5 分 / 人次，前 15 名 +4 分 / 人次，前 20 名 +3 分 / 人次，前 30 名 +2 分 / 人次，前 40 名 +1 分 / 人次。

2. 在班级成绩排位赛中每前进一个层次（5 名一个层次）+1 分 / 人次，每后退一个层次 –1 分 / 人次（注：大考分数翻倍）

四、文体卫：

1. 两操无故缺席 –1 分 / 人次

2. 本周两操为满勤者 +2 分 / 人周

3. 参加学校各类活动 +2 分 / 人次，获奖者再 +2 分 / 人次

4. 完成劳动、卫生任务经学校加分，则当天搞卫生的同学 +2 分 / 人次

5. 未按要求完成劳动、卫生任务班级检查不合格 –1 分 / 人次

6. 未按要求完成劳动、卫生任务学校检查不合格 –2 分 / 人次

五、宿舍：

1. 不按时就寝 –1 分 / 人次

2. 就寝后讲话、违纪等 –1 分 / 人次

3. 未按要求完成寝室整理、卫生任务检查不合格 –1 分 / 人次

4. 一周内未出现寝室违纪者 +2 分 / 人周

附加：

1. 完成额外班级任务 +2 分 / 人次（由团支部登记到好人好事登记本上，报评价部加分）

2. 一个月内某管理部没有出现扣分现象的，则此部门的管理人员各加 4 分，学科班长认真负责，学科成绩有进步，经综合评议为优秀的一月加 4 分

3. 课堂加扣分情况请当天值日班长登记并将分登记到登记表上；作业加扣分情况请各科学科班长登记好并直接登记到登记表上

4. 当天的加扣分由各值日班长及时登记，并及时登记到登记表上

5. 各负责的班干部（如跑操，卫生，纪律等）将自己发现的情况及时登记，并把加扣分登记到登记表上

6. 一周内扣分大于 2 分，周末留校罚跑。扣 3 分跑 3 圈，并按以公差为 2 的等差数列递增

7. 因特殊情况不能跑操的同学要参加集合，离校超过 2000 米的通校生一周可允许迟到一次，跑操每周无故缺席一次者则周五留校跑三圈，并按以公差为 2 的等差数列递增。

谈班级管理工作

班主任是学校教育工作的组织者，实施者，是教学工作的协调者。作为一班之"魂"的班主任，既要抓好常规管理，又要重视班级的学风建设，才能适应时代的迫切要求，多出人才，快出人才。笔者就个人多年的班主任经历，谈谈个人的粗浅的体会。

一、狠抓养成教育

在班级管理过程中，让人感到最为棘手的正是学生良好行为习惯的养成教育问题。特别是新入校的学生，狠抓习惯养成教育是当务之急，是班级教育能否顺利进行的基石。习惯能够成就一个人，也能够摧毁一个人，好习惯养成了，一辈子受用；坏习惯养成了，一辈子吃亏，想改也不容易了。"习惯成为自然，可见加强对学生的习惯养成教育是多么的重要。

具体来说，就是各种各样的活动来让学生养成良好的习惯，如在学习上：上课要求所有同学认真听讲；勇于质疑，大胆探索；积极思考，积极发言；在生活上：相互帮助，勤俭节约，团结互助，讲卫生，常怀感恩之心，孝敬父母等等，通过各种活动来创造这种氛围，从而达到目标。

二、尊重和信任学生，热爱学生

爱，能让顽石开花。师爱是一颗闪耀着璀璨光芒的钻石，它的光辉可以为学生们树立一面不断前进的旗帜，没有爱就没有教育，这要求我班主任在育人过程中要了解学生、关心学生、信任学生、关爱学生。班主任虽日常工作繁琐，但要注意经常和学生沟通、交流。特别是高中学生，他们的内心思想其实非常的丰富，作为接近18岁的成年人，心智趋于成熟，虽然他们还没走向社会，但他们有独立的思想，有自己的见解，极其需要老师的认同。这个年龄本应是做梦的时节，要学会放飞他们的心灵，不仅要帮助学生们缓解心灵上的压力，还应积极努力，激励他们做各式各样的梦。不断培养他们的自信心，因为自信心如同一对翅膀，能让他飞得更高更远，如果没有这对翅膀，他将永远在地面上徘徊不前，永远看不到前方那亮丽的风景线。

三、以身作则、树立榜样，用高尚的师德感染影响学生

叶圣陶先生说："教师的全部工作就是为人师表"。教师就像那默默奉献的绿叶，时时刻刻衬托着鲜花的娇艳。高尚师德，特别是教师良好的思想品行将是教师最伟大人格力量的体现。高尚师德是一种无价的精神力量。最美乡村教师刘坤贤坚守山村近30年，为资助贫困学生，假期下井挖煤，却发生意外，高位截肢，失去左腿，回村养病期间，他让妻子自修大学课程为学生代课。康复后的他重返课堂。孩子放学回家要过河，他用一个月工资买了五袋水泥，上山割毛竹修桥，

转为公办老师第一笔工资，就为学生买了一台电脑。学校没有自来水，刘坤贤拄着拐杖上山找水源，卖自家的猪买水管，和村民一起将山泉水引到了学校。感动天地，他用高尚的师德诠释了作为一名教育工作者的含义。所以教书育人单凭热情和干劲是不够的，还需要以德立身、以身立教。要谦虚和无私奉献，作为一名教师尤其是班主任，所谓高尚的师德就是严谨的工作作风、认真的工作态度、对学生无微不至的关怀和无私的奉献精神。

四、给学生适度压力

在应用心理专家眼里，压力是正常的。适当的压力有益于健康，适度的压力，才会产生一种责任感、一种上进心，才会有不断前进的动力。作为班主任可以带领学生深入社会去进行实践活动，从工厂到农村，从军营到监狱，亲身体验生活，从生活中去思考，借鉴历史，畅游未来，让他们明白，美好的生活需要自己去奋斗和创造。

五、善用赞美，慎用惩罚

有时候惩罚是警醒混沌者的一瓢凉水，它可以促使学生在适当的惩罚过程中规范自我，促进其健康成长，但赞美更是一名班主任与教师应有的素养，更是我的人格魅力的释放。赞美可以拉近师生距离，赞美是对学生的一种肯定与承认，何况金无足赤，人无完人，青年学生有缺点是难免的，他们渴望得到社会的肯定，尤其是学校老师和班主任的肯定。批评，最好在踏雪无痕中进行，最受学生欢迎的批评方式，应该是善意的带有激励性质的批评。

六、健康、美德比分数更重要

作为一名教育工作者，我应该深刻地认识到，我的教育，不仅仅是为了传授知识，更是为了传承民族特有的美德。与时俱进，培养社会所需要的各种人才，高分有高分的发展方向，不理想的分数也有他存在的价值，不要戴有色的眼镜去断定一个人的未来，分数不是唯一出路，那些自信、阳光、健康的青年，他们可能会走得更远。

七、班主任工作应注意的几个问题

1. 强调思想统一，忽视学生的想法与心态

这里主要表现是指强调班主任的绝对权威和核心作用，忽视同学的建议与想法，使得我的学生乐意"服从"，成为一群没有主见的人。

2. 重视文化学习，忽视特长培养

学习体制以及高考升学率的驱使，使我有时候偏重文化成绩，而忽视那些有一技之长的同学的个性的发展，要注意尊重他们特长，他们很可能今后是某一领域的佼佼者。

3. 讲究团结友爱，忽视个性的缺点

团结友爱的人际关系是班集体建设的重要内容，由于学生的能力结构，认知能力不一样，思想水平和心理素质就也有差异。所以从整个班级来看，班级一个个目标虽然如期完成，但也许是多数同学团结友爱的结果，可能总有少数同学是滥竽充数，如果不注意这些同学的发展，他们终将会成为影响

整个班级的发展的一个重要因素。

4．不注重细节

激励学生的艺术就体现在敏锐地捕捉具有教育价值的细节上。"细节决定成败"，这就要求我要时刻关注学生的行为举止，从小处着手，不要轻易放过任何一个细节。同时，班主任在工作实际过程中要有耐心和细心，不怕苦、不怕累，认真细致地观察班上每一位学生，"察其言，观其行"，对学生言谈举止、社会交往、遵规守纪情况、完成作业情况等等，从中不断发现学生的优点和不足作为教育学生的切入口，察微而知著。

网络环境下如何开展学生管理工作之探究

飞速发展互联网技术给中小学教育的发展和改革带来了新的机遇，与此同时也为中小学班级管理带来巨大的挑战。网络环境下，学生接受各种信息的渠道更加多元和便捷，而学生的心理和思想相比以前也会发生巨大的变化，这为现代班主任对高中班级的管理增加难度，因此在新的形势下，班主任不但要学习网络知识、了解网络、运用网络，而且要学会把学生的思想道德建设和网络相结合起来，这样才能面对新世纪的学生，才能解决网络给我带来的问题与挑战。

一、以网络为平台，转变思想政治教育的方式

传统的思想教育方式采用静态、抽象的方式，用单向的线性方式向学生传播知识，虽然从某些程度上来说可以完成知识和技能的教学任务，但是其所传播的抽象的道德知识没有办法让学生产生意义建构和态度情感的改变，导致知行不合一的现象广泛存在。但是在网络条件下，为初中生思想政治教育的方式提供了创新的契机。充分利用网络这个平台，将抽象的理念化的学习转变为情境性的学习，利用网络的虚拟性创设情境演绎学生已有的思想政治内容，再现现实生活中可能发生的人际和社会难题，体现学生的主体性地位，使得学生在现实生活的实际情境中能够做出正确的反应。

例如，在班会课的时候，班主任对学生进行法制教育的工作，班主任结合一些相关的法律条文，准备了一些青少年犯罪被判刑案例的视频，这样学生就不会被抽象的法律条文而深感头痛，而且视频中青少年罪犯的懊悔的画面对于学生来说更有冲击力。这样的德育教学方式更能提高学生的积极性和兴趣，加深记忆。

二、提高学生的网络素质及责任感

网络文化之所以能对青年学生产生强烈的吸引力和感召力，一个很重要的原因在于其对学生主体地位的尊重。新形势下，加强普通高中德育工作实效性，应借助网络文化的独特优势，尊重学生的主体意识，给他们以张扬个性、施展才华、展示自我的空间。然而，任何事物都要受到特定规则的限制，网络同样要遵守法律和道德的准则，因此提高学生的网络素质和责任感，应成为普通高中德育工作的一项重要内容。老师应当关注学生的精神世界需求，为他们发挥主观能动性创造便利条件，少一些干涉、多一些帮助，少一些说教、多一些引导，少一些灌输、多一些启发，调动起他们自我探求、自我创造、自我约束以及自我完善的主动性，逐步培养他们树立正确的世界观、人生观和价值观，不断提高他们的爱国主义、集体主义和社会主义思想觉悟以及自立、自主、自强的进取心，使他们形成正确的人生观、价值观以及养成良好的思想政治素质、道德素养。

例如班上某个男生，性格十分内向，平时上课认真，作业细心，但是在一段时间内频频出现爬墙出去上网。一开始班主任只是在班会上进行集体教育，但是这位学生不但听不进班主任的教育，而且还变本加厉爬墙的次数更多了。后来班主任从其他学生了解到了这位学生在近段时间所遭遇到的打击：父母离异，爸爸另外组织了家庭，与他相依为命的爷爷奶奶也相继离世。又因为性格内向使得这位学生找不到倾诉的对象，于是沉迷于网络。后来班主任先后找来了他的父母谈了这位学生的情况，联合父母与学生进行沟通，在沟通的时候不单单是斥责其上网的行为，班主任针对学生内向的性格特点还提出与该名学生建立网络朋友的关系，在网上与学生进行交流，终于将这名学生拉回了正确的健康的成长道路上。

三、构建网络家园

1. 建立班级网页

这样一方面可以增强班级的凝聚力，另一方面可以引导学生正确使用网络。而我大部分时间是利用我的博客，把学生在班级上发生的一些事情还有其他方面在博客上发表，学生们看后可以通过留言的方式，来谈自己的想法，我看完之后还可以针对他们的一些意见作出相应的回答，这样也拉近了同学们之间的友谊。博客上我还搜集了一些与学习有关的游戏，可以让学生下载，利用业余时间在玩中学，以减轻他们学习的负担。就算是放假了，学生们也可以利用网络和我沟通，与班级在一起。

2. 实现网络对话交流

网络的突飞猛进，导致了信息沟通、交流手段的多样化。

网络技术更是通过聊天室，短信息，E-mail等多种联系方式，为人们提供着便捷的服务。班主任在开学的第一天向全班同学公开自己的 E-mail、QQ，和在学校网站上建立自己的博客网址，同时获取同学们的相关信息，这样，学生与老师就可以在网上，超越时空进行交流。网络技术手段的使用，一方面避免传统德育工作中的班主任"受蒙蔽"，另一方面对学生上网有很好的导向作用，与学生能有更好的沟通。

3. 开设心理咨询信箱

运用 E-mal 进行交谈，避免了面对面的尴尬，有利于克服心理障碍，能够谈心里话，容易沟通，缩短了师生之间的心理距离，学生可以向老师倾诉自己真实的想法，可以坦率地对老师提出一些意见；学生有些心里话或一些敏感的话题，心里存在困惑又不便当众讨论，就可以用 E-mail 的方式寄给老师，老师针对这个学生的疑问直接解答，然后用 E-mail 直接寄给这个学生。这样既解决了思想上存在的问题，帮助学生树立正确的人生观、价值观，又不会让学生"丢面子"。如果学生的问题具有普遍性，老师可以在网上解答或发表公开信。现在这个社会大部分孩子都是独生子女，他们就像温室里的花朵，经不起风吹雨打，所以随之而然的一些心理问题就会出现。我班一个孩子他曾在网上跟我说他很孤独，没有朋友，当时我听到他说这样的话时，我心里也很难受，我也知道这个孩子心里的难受程度，所以我经常跟他聊天，告诉他我就是他的朋友，并且我让一些班上有 QQ 的学生偷偷的加为好友与他聊天，随着时间的推移，他在网络上已经拥有很多的朋友，这时我便告诉他这些其实都是咱班上的一些同学，这样他便拥有很多的朋友。当然，在节假日师生之间，可以群发邮件、电子贺卡，互送祝福，同学们会感到班主任这里是情感的避风港和加油站。

网络是一把双刃剑，在网络信息高速发展的今天，作为孩子的领路人，班主任应该具备敏锐的"慧眼"和睿智的大脑，让孩子们在"乱花渐欲迷人眼"的网络环境面前有选择地利用好网络资源并最大限度地从中受益。

浅谈如何加强学生自主管理

素质教育是一种发展人、完善人的教育。众所周知，在素质教育的大背景下，重视学生在学习中的主体作用，提倡学生自我教育、自主管理、自主学习已成为时代的要求。著名教育家苏霍姆林斯基指出："能够促使人去进行自我教育的教育，才是真正的教育"。为此，我要充分发挥学生的主观能动性，让学生自我教育，自主管理。

一、学生自主管理的内涵

学生自主管理就是学生自己的事情由自己做主，自己的行为由自己管理。具体来讲是在不违法、不违规、不违反社会公德、不损害他人利益的前提下，强化学生的主人翁意识，让学生做自己想做的事，有相对自由选择的权利，有参与制定班规班约、集体活动规则等的权利，有参与班级管理的权利，对学校的部分事务拥有参与讨论和决策乃至管理的权利等等。

二、学生自主管理的重要性

实行学生自主管理是当前实施素质教育和深化课程改革的需要，是提高学生综合素质，促进学生终身发展的需要。

1. 学会自主管理是每位学生必走的唯一通道

中学生经历了小学阶段的教育，已经具备了一定的自主管理能力，经过中学阶段后，就要进入大学或步入社会，成为有独立人格，有思想，有创造力的青年，因此需要具备各种能力。而这些能力要在中学的学习生活过程中得到锻炼和培养。让学生学会自主管理，正是授之以"渔"，是提高他们自我教育、自我约束、自主管理等综合素质能力的有效办法。

2. 自主管理有利于学生的终身发展，有利于国民素质的整体提高

自主管理的结果是，学生会从自律的前提下，从自信走向自主，从自主走向自立，从自立走向自强，最终从自主走向自如，即能够自如地适应社会的发展，各层次的需要，适应各阶段发展的能力得到极大的加强。

学生自主管理，有利于培养学生独立思考、独立判断是非、独立解决问题的能力；有利于培养学生自我教育、自我发展的主人翁意识，激发学生智慧的火花，提高学生的自律能力。更重要的是，通过自主管理，可以不同程度地提高学生的综合素质和解决问题的能力，增长才干，为学生的终身发展打下了良好的基础。

3. 中学阶段大部分学习任务要通过自主独立完成。不自觉学习的人表现就可能会直线下降。

三、如何学会自主管理

1. 管理好自己的思想

人的想法有好坏之分，但要使好的想法付之行动，不好的想法扼杀在萌芽状态。年轻人容易冲动，一定要处理好自己与自己的关系，自己的内心思想要管理好，用宽容当宰相，用勇敢当将军，用勤劳当大臣，用明智当君王，那你的内心

世界就会国泰心安，人才不是被社会、别人摧残的，而是被自己埋没的。

2. 管理好自己的情绪

每个人都有过烦恼的经历，想什么没来什么，怕什么就来什么，于是沮丧、焦虑、恐惧、忧愁便接二连三地出现，于是"郁闷"便成了他（她）的口头禅。如何管理好自己的情绪呢？

（1）要具备思辨的能力，世界上没有不合理的现象，只有不合理的眼光，事物都有两面性，你若只看到阴暗的一面，则请老师、同学、家长等帮你分析，从正确角度分析阳光的一面。如考试成绩不好，要反思错在哪里？如何解决？需要始终关注事情的积极面，逐步清除情绪的沙尘暴。

（2）要进行理智的选择。凡事三思而后行，谋定而动，缓一下，放一下，天宽地阔。假如同学之间发生了矛盾，如取水、用餐、打球、男女同学之间的问题引发的矛盾等等，都是小事，要想一想，我能在同一所学校，同一个班级学习，是一种缘分，必须珍惜。要控制自己，把握好自己的情绪，做一个明智的选择，欣喜若狂或沉郁过度，怒发冲冠或哀伤无力都是不理智不冷静的宣泄。

（3）要培养感恩的心态。有一首歌叫《感谢》，感谢明月照亮了夜空，感谢朝霞捧出了黎明，感谢春光融化了冰雪，感谢大地哺育了生灵，感谢母亲赐予我生命，感谢生活赠给我友情……只有学会感谢生活，赏识别人，感恩父母、老师、同学、朋友、别人以及自己，你才能成为真正意义的乐天派。

我也许改变不了环境,但我可以改变自己的心境,调节自己的心态,以最饱满的精神状态,最好的面部表情迎接每一天,做好每一天的事。

3. 管理好自己的时间

人生最宝贵的几项资产:一项是头脑要用好,一项是时间,无论你做什么事情,即使不用脑子,也要花费时间,因此管理时间水平的高低,直接影响你学习的成败。

(1)要了解自己的时间分配,找出浪费的原因,分析如何解决浪费时间的问题。

(2)建立和强化时间观念,利用日程表和计划时刻提醒自己,今天我要完成什么任务。把压力变成好朋友,从而提高单位时间的利用效率。

4. 管理好自己的学习

(1)要树立终身学习的思想,管理好学习对于学生而言是最为主要的。

(2)要安排好自己的学习任务,有哪些科目,在时间上、练习上、预习复习上如何分配,基础知识如何过关,每天什么时候自我检查。

(3)要采取自查和互查的方式督促自己完成学习任务,没有完成如何挤时间完成。

(4)要形成一套适合自己的最有效的学习方法,如记忆知识的方法,听课方法,归纳知识的方法,练习的方法,考试的方法等等。

(5)学习最需要持之以恒,利用一切机会和时间学习。

5．管理好自己的生活

（1）要结交那些充满上进心的朋友。近朱者赤，近墨者黑。经常与积极上进的朋友在一起，不好也会变得较好。

（2）要关心和爱护周边环境。

（3）不能被社会上不良现象侵蚀。远离网吧游戏、抽烟喝酒、赌博等违纪违法行为，远离宣扬暴力犯罪的书籍和影视作品等。要自觉远离，谁也控制不了你，现在手机就可以上网，谁可以把握，只有自己把握。

（4）管好自己的言行。嘴的第一个作用是吃，病从口入，零食往往是香辣的，添加了许多化学添加剂。而吃零食的同学，对零食含不含致癌物质不管，卫生与否不管，这是对自己极不负责任的表现。第二个作用是说话，祸从口出，嘴巴接受大脑的指令，对外传递正确的、错误的、正面的、反面的、有用的、无用的、帮人的、害人的信息，一个人说话的好坏，是否得体，是否中听，是否动听，结果是不一样的。嘴巴是双刃剑，有时说者无心但听者有意，别空嘴得罪人。应该以德服人，多看别人的优点，多表扬别人的优点，嘴上多积点德！又如，管好自己的爱好，形成良好的嗜好，如舞蹈、书法、音乐、种花养草、唱歌跳舞、讲究卫生，这些对我人生很有好处。反之，不良的嗜好，如抽烟、喝酒、赌博、打架斗殴滋事，就会影响一辈子。

总之，引导学生学会自主管理，可以大大提高学校管理的效率和质量，有利于激发学生的学习兴趣，调动学生参与的积极性、主动性，有利于增强学生的创新意识，提高实践能力，培育高尚的品格、健全的身心。

浅谈高中学生管理工作

中学时期是价值观、人生观和习惯形成时期,是培养学生形成良好习惯的最佳时期,抓好中学生养成教育才能使学生成为诚实守信、表里如一、言行一致的人,才能使学生形成良好的道德品质,才能有利于学生身心健康的发展,才能促进学生终生的发展,有利于社会文明的发展。

现在的中学生普遍个人意识强烈,思想开放,具有开拓精神和创新精神,能够有独立的思想和行为,社交能力较强,接受新生事物的速度快,敢于尝试,敢于冒险,对新技术、新发明等新生科技事物接受速度快,运用熟练等。并且在高中时期,随着自我认知的逐步完善和世界观、人生观、价值观的逐步建立,他们开始对人生发展及未来规划等方面的问题有了较深入、全面的思考。

随着社会的发展,未来对个人学历、专业知识、综合能力的要求日益提高,高中生的学业压力也在不断增长。高中生对于学习的认识、看法和态度也越来越多元化,这样导致一些学生对学习漠不关心,还有一些学生甚至在各种原因下对学习产生了消极思想,没有学习动力,厌恶甚至放弃学业。是什么原因使一部分学生产生这样的问题呢?

首先,现在大部分学生处于物质条件优越的阶段,吃穿不愁、养尊处优,以至于形成了以自我为中心的心理。这主要与家长有很大关系，现在学生大部分为独生子女，家长不希望孩子受苦，加上祖父辈固有的隔代亲传统，比较娇惯。

其次，现在社会是一个信息传播非常迅速的社会，整个社会处于一种"跃进"的状态之中，各种新奇思想、颓废思想、羞耻观念无不冲击着本来就比较脆弱的中学生神经，所以中学生问题层出不穷，浮躁、厌学甚至不学。

针对这些情况，要想转变这些问题，我认为应该做到以下几点：

第一，学高为师，身正为范

教师有"传道、授业、解惑"的职责，前苏联教育学家申比廖夫曾说："没有教师对学生直接的人格影响，就不可能有真正的教育工作"。所以教师的一言一行都会对学生起到潜移默化的作用，而这种作用远远大于课堂上的说教，这就是所谓的"身教重于言教"。也就是说教师要严格要求自己，并且要不断用新知识充实自己，充分引导学生。

第二，用爱心关心学生，细心发现问题

"没有尊重和认识就没有爱"，爱心如春雨，它能洗涤学生因家庭、朋友问题而带来的心灵尘埃；爱心如微风，它能抚慰学生因为疾病而带来的肉体上的疼痛；爱心如阳光，它能温暖学生因失败而寒冷的心灵。教师在教书育人的同时，必须深入了解并掌握学生的心理状况、家庭状况等，必须用爱心关心学生的成长，关心学生成长的家庭环境，关心学生的学习，关心学生的身体健康，关心学生的心情感受等。

教师不仅要满怀爱心的投入工作中，还要非常细心。只有细心才能及时发现学生身上的问题并且妥当地加以解决。可以说细心能使教师具有一双慧眼，就是这双慧眼能防患于未然，能有效的堵塞住学生心灵上极小的蚁穴。

第三，加强思想引领，帮助学生树立正确人生观

一个没有信仰的民族是没有希望的民族，同样，一个没有理想、不愿吃苦的学生是不可能在学习上取得理想成绩的。所以充分利用主题班会的方式对学生进行思想教育，使学生学会担当、学会吃苦、学会自信，始终保持高昂的斗志，"不抛弃、不放弃"，不到最后一刻绝不退缩。

1. 教育学生要有理想，学会担当：对学生进行理想前途教育，教育学生把理想当成奋斗的目标，用目标激励行动，用自信鼓舞斗志，用勤奋争取进步，用坚持不懈追求成功。同时，通过主题班会，强调学生的责任意识。经历了高中，也就意味着中学时代的结束，也就意味着长大成人。成人，它首先是一种责任，一种承担家庭、社会的责任。教育学生学会承担更多的责任，这就需要一定的基础和能力，需要通过高考把握自己的前途和命运，教育学生学会担当，学会感恩，学会为自己的父母和家庭负责，同时也是为社会负责、为民族负责。

2. 教育学生学会吃苦，戒骄戒躁：教育学生做一个坚强的人，一方面教会学生不要骄傲，不要产生自负心理，即"胜不骄"；另一方面要教会学生坦然面对每一次的失败，并且结合班会课开展"面对失败"的活动，教育学生在哪里跌倒就从哪里爬起来。

教育学生学会吃苦，高中，意味着更多的付出，高中的目标就是高考，所以从高考的角度来看，就必须有更多的付出，对书本基础知识能够记忆，并进行挖掘和理解，还需要做成千上万道题。所以激发学生肯吃苦、能吃苦的意思，从而为高中三年的学习付出更多心血，从而为自己人生奠定基础。

第四，强化日常行为规范，促进习惯养成

首先，树立各种榜样，比如学习榜样，行为规范榜样，体育榜样等，号召学生向榜样学习。其次，必须抵制歪风邪气的形成，对违纪违规次数较多的同学采取谈心、批评教育等多种方式。

最后，在执行规则制定时，要讲原则，讲民主，一视同仁，确保学生工作的有序、顺利开展。

总之，学生管理工作是一个系统工程，它需要全体教职工认真、细心的付出，需要家长的全力辅助，需要学生的认真配合，这样才能实现教育目标，才能培养出适应社会的人才。

如何为学生提供优质高效的服务

校长提出"教育即是服务"的办学新理念和"三四五高效课堂"的教学新模式,早在几年前就向一中老师吹响了为一中学生提供优质高效服务的进军号。如何为一中的学生提供优质高效的服务呢?作为一中的教师来讲,应该努力做好以下两方面的工作:

第一,要深入了解学生,真正知道一中的学生最需要什么。学校管理部门和许多老师做了多次调查,通过调查发现,学生最需要的服务是(一)课堂教学方面:课堂教学要求生动有趣,气氛活跃。老师上课幽默风趣,语言诙谐,讲课清淅透彻,简明易懂,方法多样,手段先进。学生学习兴趣浓厚,积极参与,在快乐中学到了知识。(二)班级工作方面:班主任责任心强,认真、负责、敬业、工作努力,为人正直,严格要求,以理服人,既是师长又是朋友,所带的班级,班风正、学风浓,师生之间,生生之间,平等和谐。(三)学生会团委会工作方面:社团活动形式多样,能让每个学生展现自我,社会实践活动丰富多彩,能让学生终生难忘。

第二,要不断的学习新知识,接受新观念,以优质高效的教育教学手段和方法吸引学生。在传统的教育教学中,老师对学生的权威主要来源于知识的权威和约定俗成的规定,"天地君亲师"、"师者传道授业解惑也",老师因为是知识的给予者和人生导师，所以被崇敬。师生之间的关系，是教与被教，管与被管，评价与被评价的关系。而当今社会，强调民主，强调平等，强调和谐，在高中教育阶段新课程改革提倡尊重学生的主体地位老师不再享有天然的师道尊严，老师与学生都享有人格平等的权利，是学习知识的合作者，是伙伴关系。老师要赢得学生的尊重只能以其优秀的人格力量和丰富的知识魅力来实现。由于人类知识的爆炸性增长，学生吸收新知识的多渠道又进一步促使教师只有不断的学习新知识、接受新观念，以优质高效的教育教学手段和方法吸引学生。当前在我校进一步推进和提升的"三四五高效课堂"教学模式和建立的一系列德育、社会实践活动基地就是很好的手段和方法，因为"三四五高效课堂"教学模式能让每位学生真正成为学习的主体，能让学生掌握捕鱼的方法和技巧师生和谐课堂活跃教学效果很好，能让学生受益终生，而德育、社会实践活动基地的建设又能让学生树立正确的人生目标，人生有了目标就会产生动力，为达成自己树立的目标而努力奋斗，这样的人生就会很精彩。

开放式教育让学生在自我管理中成长

一所优秀的学校也是一个缤纷的舞台，更应该是一个展示学生个性特长的舞台。学校应以开放的胸怀让学生参与学校管理、发展的各个环节，在积极参与中让学生具备现代社会所需的品质、品格。最好的管理就是被管理者的自我管理。"学生自己的事情自己做"，倡导学生从教室里走出来，多参与学校、社会的活动，从而实现自我管理、自我教育、自我发展。每周一的升国旗仪式，由班级轮流承办。每周末，就能够在操场上看见承办班级的学生，在自发地练习步子。每周一清晨，在全校瞩目下，班级护旗手们迈着整齐的步伐将国旗护送到旗杆下，两名升旗手将国旗高高升起，另有50多位同学站在舞台上，一齐高唱国歌。此时此刻，一种无言的骄傲从同学们心底油然而生，一个高大的班级形象呈现在全校面前，这才是真正的德育！校园不是监狱，不能压抑学生，而要让学生的个性得到解放。因此我建议：秉持"以人为本"的管理策略，但要把握人性化与制度化的度，让两者和谐共生。学校应从自我管理、自我完善作为切入点，有效的破解这一问题，设立"文明监督岗"就是自我教育、自我管理的有效尝试。学生会纪检部发现校园里存在的不文明现象，可以发出倡议——成立"校园文明监督岗"，来消除这些不文明现象。监督岗的处罚方式也要充满人性化，一旦抓到违纪者，就给他们也戴上红绶带，让他们也成为监督岗的一员，文明之风就在这样的潜移默化中，悄悄吹遍了校园。为了培养学生的公平意识、规则意识和竞争意识，学校不再任命学生会干部，而是进行全校竞选。尽管过程相当复杂，但相信学生们热情高涨，满心喜欢。"做教育的事就是自找麻烦的事，最终不在于谁担任学生会主席，而重在这个过程，学生参与的过程，学生准备的过程，学生享受的过程。"可以经过提交竞选纲领、现场竞选和演讲、才艺展示和现场答辩三个环节后，新产生的学生会干部高举团旗和会旗，在升国旗仪式上宣誓就职。活动中，学生每时每刻都在准备，准备的过程就是学习的过程，更是自我提高的过程。学校只是为学生搭建展示的平台，然后静静地看着他们快乐的准备，积极的参与，幸福的成长。

学校委托学生会，成立了学生申诉委员会。如果违纪学生对学校的处理决定不认同，可以向学生申诉委员会提出申诉，然后由申诉委员会召集学生家长、各方见证人等召开申诉会议，其它同学可以旁听。模拟法院维护学生的权益、彰显学校制度的公平公正。"你有多大的舞台，我就有多大的精彩"，相信学生的宣言。学校可以专门成立学生活动策划委员会，尝试着把一些常规活动交给学生自己来组织。学校的体育运动会可以交给他们办，裁判、裁判助理由学生聘请老师担任，开幕式通过策划招标的形式交给班级，经费预算、奖品订制、器材保管、宣传……所有的这些都由学生考虑。学生活动策划委员会可以模仿当红节目《中国好声音》，推出《一中好声音》活动。只要愿意唱歌的同学，不需要很高的天赋，都可以来参加。这一活动的策划团队、主持人团队同样由学生担任。每当同学们美妙的歌声在校园上空回荡，再厌学的孩子也会觉得，校园成了一个引人入胜的地方，一个充满乐趣的天堂。

学校就是要敢于放手让学生去做，给学生提供着尽可能大的舞台，让他们更好的成长着。每年的远足、放歌五月和元旦文艺汇演是学校的三大盛事，学生们参与的热情不是很高。这些活动都可以由学生活动策划委员会策划，由各体育社团和音乐社团以及其他艺术方面的社团自己承办，学校只是配合。相信学生唱主角的大型演出水平不会低于老师组织的。高三的成人礼仪式，也可以由学生自己组织，让他们感觉自己真的长大了：在"五·四"这样特殊的日子里，千多名高三学子举起右手同心宣誓的时候，那响彻云霄的誓言是对父母，对老师，对同学的一种承诺，是他们跨入成年的一种兴奋和激昂。何等令人神往！

在一中，开放的教育还表现于实验室和图书馆是随时对学生开放的。只要你喜欢做实验，想提高动手能力的同学可以随时去实验室做实验；图书馆和阅览室同样也是随时等待着同学们的到来。

"教育不是万能的，但作为教育者一定要倾其所能。"针对参差不齐的生源，我要有"为不同学生创造适合的教育"的理念。学生中有考名牌院校的，有考一般院校的，也有具有一技之长的合格公民。为此，我有责任给学生搭建生命绽放的舞台，让每一个学生都成为一个幸福的舞者。

如今，我看到的是人文、民主、宽容、有大度之风的一中，它将成为每一个一中人幸福成长的梦想之地。漫步在一中的校园里，时常会被学生们灿烂的笑脸打动，从这笑脸里，我可以看到学生成长中的幸福；也时常会被老师们快乐而忙碌的身影打动，从这身影里，我可以看到老师们工作着的快乐。幸福凝聚力量，幸福创造奇迹。站在新的历史节点上，一中人将续写每一个人的幸福篇章，用勤劳和智慧铸就学校明天的辉煌！

用"爱"去浇灌，用"心"去转化

人们常说：教育是明天的事业，其辛苦不言而喻。而班务工作则是教育工作中最烦琐、最艰苦的一项，尤其是这近几年面对独生子女这一特殊群体。十五年的班主任工作，可以说：我一直战斗在教育教学的最前线。一滴水珠可以折射太阳的光辉，一些小事可以反映出我思想的轨迹。俗话说："体育不好出废品，智育不好出次品，德育不好出危险品"。这句话充分说明了德育的重要作用。下面我就在班级管理中德育工作"转化后进生"谈点滴体会。

"加强学生管理，促进学生全面、可持续发展"，我觉得很有探讨价值，尤其是在怎样转变后进生的问题上。曾听一位老师发牢骚说："一中扩招，招了几百头猪进来了"。这句话不仅反映了我校目前由于扩招后进生比率增大的现状，而且提醒了我转变和管理后进生已是刻不容缓的事，也预示了班主任工作管理的难度加大，因此在班级管理上也应调整策略，力争做"学习型、研究型"的新型班主任。

要转变和管理后进生，我先要有四点认识：

1. 什么是后进生，他们有哪些特点？
2. 转变后进生有什么重要意义？
3. 后进生是怎样形成的？
4. 怎样转变后进生？

一、什么是后进生，他们有哪些特点？

"后进生"曾有过不同的定义，最先称为"双差生"，后又命名为"后进生"，现在认为"潜质生"比较科学。所谓"后进生"，在教育学上称为问题学生，可分为纪律后进生、学习后进生以及综合性后进生。其中学习后进生很大程度上是个人自身智力因素所影响。普遍认为：他们一般都具有"打架、骂人、违纪、说谎、上网、抽烟、酗酒、不完成作业"等许多不良行为习惯，甚至与同学、与父母相处不融洽，个性上也比较怪异。

看了很多关于后进生定义的资料后，说实话，没有一个定义是我感到满意的。我个人认为，后进生是可以分层、分类定义的。记得我上届带高一353班时，我组织前10名同学开会，我就问了曾培一个问题："你觉得你是后进生吗？"曾培和另外9名同学都用诧异的眼神看着我，曾培怎么可能是后进生呢？曾培当时想也没想就回答我说："不是。""那你们认为什么是后进生呢？"大家都回答说表现差、学习差的学生才是后进生。我笑着回答他们说"我不这样认为，我认为曾培就是后进生。"然后，我就指出曾培身上存在的不足：语文是短科；字写得不工整；记性不好，喜欢丢三落四等，同时指出，曾培就是优秀生中的后进生，进一步鼓励他全面发展。

【案例一】："重新定义"出奇效，"落后班级"变第一

【研究对象】：353班全体同学。

【研究理论】：当代世界著名的心理学家、教育家、哈

佛大学教授，霍华德.加德纳博士（Dr.HowardGardner）在他的《心智的结构》（FramesofMind）一书中提出了"多元智力理论"（TheoryofMultipleIntelligence）。他将人的智力分为8种结构类型，这对于我转变教育理念，重新认识学生的差异和发展很有帮助，也为我采用分层教育和教学提供了强大的理论支撑。

【分层定义】：根据班级学生学习能力和行为表现的不同，不同时期学生又有不同的能力要求和行为习惯，给全班学生重新定义后进生，实施因材施教。

353班后进生新概念一览表（64人）

高考目标	姓名	后进生人数	后进类型	努力方向	优秀生人数
重本10人	李弘	2人	纪律后进生	加强纪律自觉性	8人
	阳康		学习后进生	努力提高英语成绩	
一本10人	汤奎桦	4人	纪律、学习后进生	杜绝网瘾，努力提高英语成绩。	6人
	梁婷		学习后进生	努力提高物理成绩	
	刘星琦		学习后进生	努力提高英语成绩	
	傅宏宇		学习后进生	努力提高数学成绩	
二本25人	熊朝坤	7人	纪律、学习后进生	杜绝网瘾，努力提高数学成绩	18人
	罗迪		纪律后进生	杜绝早自习迟到现象	
	杨炎霖		纪律后进生	努力改进动作拖拉不良习惯	
	陈智博		纪律、学习后进生	杜绝网瘾，努力提高英语成绩	
	彭涛		纪律、学习后进生	杜绝网瘾，努力提高英语成绩	
	何苏伟		纪律后进生	大力加强自控性管理	
	柳凯文		纪律、学习后进生	加强自控性管理、提高成绩	

高考目标	姓名	后进生人数	后进类型	努力方向	优秀生人数
三本19人	胡杰	7人	纪律、学习后进生	杜绝网瘾、改善与父母关系、提高成绩。	12人
	何华钦		纪律、学习后进生	改变交朋结友习气、全面提高成绩。	
	王元熙		纪律、学习后进生	改变周末不按时回家和全面提高成绩。	
	昌胤霖		纪律、学习后进生	大力加强自控性管理、全面提高成绩。	
	李天德		纪律、学习后进生	大力加强自控性管理、全面提高成绩。	
	李鑫		纪律、学习后进生	改善家庭教育方式、全面提高成绩。	
	周增		纪律、学习后进生	大力加强自控性管理、全面提高成绩。	

【案例反思】：既然教学上可以分层，为什么在班级管理上就不能分层呢？通过以上表格，我不难看出，每层目标中都有不同类型的后进生，这是我班主任和全班任课老师必须关注的对象。尤其是以三本为培养目标中竟然有12人符合优秀生标准，这无形中对他们就是一种鼓励，可能这层学生做梦都没有想到自己竟然是优秀生。暂时符合后进生条件的人数为20人，占31.25%。给后进生分层定义后，大大降低了班主任的管理难度，也给我指明了班级管理的努力方向，加强了班级管理的针对性。经过一段时期的教育管理后，后进生的比率会大大缩小，如能到高考前夕，消除班上的后进生，还怕高考考不好吗？正是因为采取了系列管理措施，才使353班从高一时的年级第17名，一跃成为年级市区班第一名，故我把此案例称为"重新定义"出奇效，"落后班级"变第一。借此春风，高三我又在班上提出"保4，争3，夺2，创1"

的口号，争取突破高考"一本上线 20 人，二本上线 25 人"，全班 100% 过水平测试的奋斗目标。高考实际效果是"一本上线 21 人，二本上线 28 人"，总共 49 人上二本线，取得了市区班第一、曾培城区理科第一的好成绩。关于综合性后进生，建议班主任最好少定义，因它容易挫伤学生的积极性，确实存在，那就必须引起密切关注，最好能实行跟踪教育和家访制度，及时了解学生的心理健康，至于学习成绩就另当别论了，不出事即可。

二、转变后进生有什么重要意义？

原国家总督学柳斌同志曾说："学校要十分重视对后进生的转化工作。转化一个后进生和培养一个优秀生同样重要、光荣、有价值。"他同时还指出："转化后进生比培养几个优秀生难度更大，对教师的思想觉悟、品德、能力都要有更高的要求。而后进生的教育有利于基础教育搞好，对基础教育的成败举足轻重。"同时，转化后进生也同李校长的办学理念是相一致的。李校长一再提出让一中的学生都能健康快乐地成长，不放弃每一个学生，让二流的学生进一流的大学，办"有温暖的教育"，那当然就包括后进生的转化和培养。如果能按照新型理念去定义后进生，那意义就不言而喻了，否则，怎能完成学校交给我的高考任务呢？反之，后进生管理不当，有可能影响到全班。一些班主任不受学生欢迎，多半是后进生和家长的原因，他们觉得在班上没有受到重视。这些后进生别的能力没有，但组织和号召能力却非常强，甚至在班上搞串联，个别家长直接找到李校长告状，强烈要求更换班主任。其实质就是班上矛盾没有协调好的原因，并不是班主任不具备带班的能力。我带班一般都是"抓中间促两头，以差促好"。

三、后进生是怎样形成的？

后进生是天生的吗？答案是否定的。我来简单剖析一下造成后进生的原因：一个高中生，他必定经过了初中、小学，甚至幼儿园等学段，而每个学段都可能出现不同程度的后进生现象，那么是不是都统统归结于"娃儿自己不乖呢？"我认为我教育者也有不可推卸的责任。经过调查发现，大多后进生与老师，甚至与父母之间都存在不同程度、不同类型的障碍。

1. 心理沟通交流障碍

后进生存在许多不良行为习惯，他们的言谈举止让人看不惯，老师、家长对他们苦口婆心的教育，他们仍没有多大改变。这样一来，老师、家长对他们的感情必然淡漠，甚至反感，久而久之，形成了后进生交流的心理沟通障碍。

2. 认识、理解障碍

后进生在认识、理解、判断是非问题上，认识水平比较差，其他学生只需老师一点就明白的道理，后进生却理解不了。班主任老师给后进生讲道理，后进生不仅不理解，反而认为老师是在找茬整人，偏向好学生，对老师的批评教育，有的当面顶撞，有的沉默对抗，有的口服心不服，形成师生之间认识、理解的障碍。

3．教师的学生观偏差造成障碍

老师的学生观决定着对学生的态度和情感，决定着老师对学生的行为评价，当然影响着师生之间的心理沟通，在一些老师的心目中，后进生是"生就的木头造就的料"，在这种学生观的指导下，对待后进生肯定没有好言语，科学的教育行为，其结果可想而知。

4．情感障碍

师生之间的情感关系很重要。有部分老师，同样的错误如果发生在班上干部或学习好的学生身上，老师在感情上往往采取"宽以待人"的态度，即使批评也是"和风细雨"，"润物细无声"；而发生在后进生身上，老师则火冒三丈、狂风暴雨，一些刺伤学生感情的话脱口而出，这些不公正的做法势必引起后进生的反感，产生对立情绪，造成师生隔阂。有人曾说：如果孩子天生就是优生，那教育还有什么功能？又谈什么基础的素质教育呢？因而对占相对多数的中差生，我更应变嫌弃为喜爱，变忽视为重视，变冷漠为关注，变薄待为厚待。如果学校和教师最大限度的给予他们时间、空间上宽容，他们也会逐渐被我这种细致入微的教育感动，他们也会被溶化，他们一定会有一个美好的未来。

四、怎样转变后进生？

越战期间，美国一所新兵训练营从劳教所接收了一批新兵，这些新兵肚子里的墨水不多，身上恶习却不少。怎样把他们训练成为合格的军人显然是一个令人头疼的问题。训练营的军官们发明了一个怪招，他们有计划地精选一些家信发给大字不识的几个新兵,让他们学着读,照着抄。信的内容是什么呢?无非是告诉家人自己在军队养成了新的生活习惯,如每天早上刷牙,晚上睡前洗脚,不酗酒、不打架,还特别告诉家人自己在战场上是如何的勇敢、如何的遵守纪律。一段时间下来,出人意料的结果出现了,这些新兵身上的坏习惯变得少了,作战也真的如他们的家书上所描绘的那样,军容整齐、精神焕发、勇敢顽强。

训练营军官们的成功在于巧妙运用了攻心术,用心理暗示带来了出人意料的效果。在当前"后进生"转化工作中,这种方法值得借鉴。因为在教育实践中,我不难发现,作为受教育者的学生,从其内心心理需求来看,并不是很乐意以一个接受者的角色去接受教育者的"有意施教",而往往对自己有意无意活动中所获知识及接受的教育影响却能欣然接受,因此教育若能如一场春雨,在"随风潜入夜"中"润物细无声",其效果一定也会是惊人的。我常把学生比作是早晨的太阳,那么后进生可能就是迟升的朝阳。比起其他学生,他们更需要班主任的细心呵护,关怀体贴,理解尊重,谆谆诱导……"要小心得像对待一朵玫瑰花上颤动欲坠的露珠。"这句话也许夸张了些,却实实在在地告诫我,对待后进生切不可疏忽大意。作为一个教师,有责任、有义务,也应该有能力帮助教育好这些后进学生,使他们也能和其他学生一样健康、快乐地成长,展现自己独特的风采。

所以转化后进生首先要端正对后进生的态度,并且要帮助他们树立自信心,因为自信是成功的基础,人有自信才会去行动，才会积极的要求上进，就能朝着教师期待的目标前进。那么怎样才能做好后进生的转化工作呢？我在实践中采取了以下策略：

1．优化谈话技巧，师生共架心桥

这是我与后进生沟通的最基本的方法，但要注意以下策略。

1）学会倾听

倾听是实施有效沟通的前提和基础。作为班主任，要对后进生进行有效的教育，就必须尊重学生，倾听学生的呼声，了解学生的疾苦，知道他们在想什么、做什么？有什么高兴的事、有什么忧愁的事？他们学习中有什么成功的地方？有什么困惑？是方法的问题还是心理的问题、是习惯问题还是基础问题？对这些问题有个比较清醒的认识，就可以对症下药，有的放矢。在了解学生时候，应放下老师的架子，平易近人，和蔼可亲，增加老师的亲和力，使其亲其师，信其道。这样，才能深入了解学生的内心世界，他们也能感受到我对他们的尊重和关怀，他们就愿意把自己的想法、愿望、要求、困惑告诉我，求得我的关怀和尊重，求得我的宽容和理解，求得我的帮助和解释。这个时候所进行的交流，就是心与心的交流，就是灵魂和灵魂的激荡。

2）学会欣赏

学会欣赏，通俗地讲就是实行赏识教育，肯定差生的点滴成绩，以"点"带"面"，促进全面转化。对后进生的点滴进步我都予以发自内心的表扬和赞赏，努力让学生都能感觉到自己的进步和老师的关怀，这是有效转化后进生的重要途径。尽管他们毛病多多，几乎找不到可以欣赏的东西，但我会从内心深处，尊重他们，欣赏他们，唤起他们对美好人性的热爱，唤起他们对老师教育的认同。对优秀学生欣赏，几乎每个老师都能做到，但是对差生的欣赏，就几乎没有人认同了。

3）学会赞美

赞美是欣赏的结果，是欣赏学生的自然流露，是对倾听和欣赏的巩固。俗话说："良言一句三冬暖，恶语伤人六月寒。"一声褒奖往往能点燃其智慧的火花，激发其进取的信心。过多的批评则极大地伤害了他们的自尊心和自信心，使其太多地感到求学的艰难、成长的烦恼，从而情绪低落、不思进取，因此尽量多用表扬，少用批评，用好表扬，慎用批评；尽量正面强化学生的优点以克服其缺点，采取正面"塑造型"教育为主，少用"改造型"教育，即多教育学生要做什么、为什么做、怎么做；充分肯定学生长处及优点，积极扶植；少批评学生，从不惩罚学生；培养学生的上进心、自信心，相信学生，哪怕是后进的、犯过错误的同学，在他们身上也潜伏着不同程度的上进心，关键在我能发现、培养、支持和鼓励。为了做到这一点，要经常深入学生之中，去熟悉、去观察，及时发现他们每一微小的进步，并恰当的给予及时的肯定和鼓励，从而保证班级学生保持积极的心态，使他们从小的进步、小的成绩开始，树立起大目标。

4）学会记录

担任班主任以来，设计了班上"谈话记录卡"，其内容包括谈话地点、事由、学生认识及班主任处理意见和师生签名，严重者还有家长签名。对每次跟学生谈话尤其是对违反班纪班规的学生实行"谈话记录"跟踪教育，架起师生桥梁，定期谈话，效果非常好。其形式如下：

353班谈话记录卡编号_____

谈话对象：_____	时间：_____	地点：_____
谈话事由：		
学生体会：		
	学生签名：_____	

2. "三心二意"教育法

在后进生的转化工作方面，我首先注意消除后进生心理上的失败定势，还要做到"三心二意"。"三心"，即信心、爱心和恒心；"二意"，即批评、处分学生不随意，受到委屈不在意。现在的学生大部分都是独生子女，自尊心和独立意识特别强，特别是差生，如果教育方法不当，效果可能事与愿违。要力求"多表扬、少批评""多正面引导、少反面教育""严而有爱、严慈相济"。严格但不蛮横，慈爱而不放纵。晓之以理，动之以情，让学生感觉严得有理有据，让学生口服心服，决不能冷嘲热讽、攻击漫骂，否则，一旦伤害了师生感情，学生对老师产生了对立或逆反情绪，那么老师的一切工作都将"劳而无功"。作为班主任，应有"大人不计小孩过"的宽广胸怀；稍有错误便给处分的"杀鸡给猴看"的教育方式应该抛弃。

3．"大事化小，小事化了"教育法

比如班主任感到头痛的三大问题：上网、带手机来校和谈恋爱的现象在高中阶段比较普遍，一般采取以下措施：对网瘾大的学生周末回家一点不给上网，这也不现实，但凡事应有个限度，以两个小时为准，但坚决禁止在校期间外出上网（以353班祝鑫为例）；学校三令五声强调严禁带手机来校，很多家长和学生不理解，如果我一味加以强制，效果反而不好。我的态度是不提倡学生带，一定要带者必须跟我签定协议，并在我这里登记手机号码。凡是违反协议者，则取消带手机的资格。这样，学生就会认为是自己违纪而取缔了带手机的权利，而不是老师强制不准带手机，但坚决不做摔破学生手机的蠢事。谈恋爱的现象我形象地给学生做了一个比喻：我问学生："假如一个长得很漂亮的女孩穿着泳装走在大街上，你们是什么感觉？"学生回答："神经病。"我又问学生："假如她出现在游泳池旁，你们又会是什么感觉呢？"学生回答："很美。"然后我再问学生："假如谈恋爱的现象出现在中学校园中，你们怎么看？"学生回答："神经病，不正常。"最后我问学生："假如谈恋爱的现象出现在大学校园或社会上，你们怎么看？"学生回答："合情合理。"通过这个形象的比喻使学生明白了中学生谈恋爱是不适宜的。（以301班黄江阳为例）"大事化小，小事化了"的适度宽容教育法是转化后进生的秘密。当然"宽容"不是对学生错误思想和行为的姑息，更不是主张取消必要的纪律处分，而是我在对有问题学生的教育过程中，为了减少或消除学生的逆反心理，融洽师生关系，提高育人的效果，从态度上、时间上、处理上作出某种程度的"宽容"。在后进生的管理上要做到严而有度，堵不如疏；要适当，不能太严也不能不管。对待后进生要"严中显爱、爱中有严、严之有理、爱之有度"。

4. 优化"成绩档案"管理，做好"保优扶差促中间"工作

班主任狠抓班级学风建设以及转化后进生的最终目的是要提高班级学生的学习成绩。在此方面我注意优化"成绩档案"管理，做好"保优扶差促中间"工作。即根据学生实际情况，分层设立"成绩档案"和奋斗目标，采取"曲线救国"措施，注重自身比较，使每层学生都能体会到成功的喜悦，并努力做好"保优扶差促中间"工作。

5. 改变对待差生的观念，采取有效的转差措施

在全面追求升学率的同时往往注重培养优生，对于差生总是放任自流，因此必须转变观念，对待差生要一视同仁，应明确每个学生都有受教育的权利，在素质教育的今天，既要提高学生的全面素质，更要提高全体学生的素质，不歧视一个差生，不放弃一个差生是每个教师最基本的职业道德。做到"眼中无差生，心中有差生"。跟好生谈学习，跟差生交朋友。我既要把差生当作班集体中共同前进的一员，在生活上学习上使差生享受和优等生同样的待遇（排座位为例）；然而差生又是一个班集体中客观存在的事实，应该把差生的特殊性放在心上，在言语行为上都要更表现出热情和厚爱。

6. 重视习惯培养，注重反溃与防治

重视习惯培养，这是转化后进生的要素。应注重不断

纠正后进生的不良学习和行为习惯，逐步培养他们努力认真，刻苦钻研的学习态度，独立思考克服困难的精神，做到书写工整，自觉学习等良好的学习习惯。反馈是转化后进生的必要环节。在转化后进生过程中，既要发现他们的每一点微小进步，又要善于通过观察他们课堂的情绪、发言、作业等情况，了解他们的学习态度、学习方法及知识等方面的问题，即时反馈，及时矫正。防治是转化后进生的原则。在转化后进生过程中，不仅要防止，也要允许后进生反复，做后进生工作必须坚持"反复抓，抓反复"的原则，做到坚持不懈。

结束语：教育家陶行知说过："你的教鞭下有瓦特，你的冷眼里有牛顿，你的讥笑中有爱迪生。"这就告诉我们，作为教师，一定要摒弃传统的偏见，努力帮助后进生发现其自身的"闪光点"，用期待的心情去等待学生的每一点进步。后进生转化是一个系统工程，需要教师首先从自身对他们的态度做起，用爱心感化他们，悉心帮助他们。在后进生的心目中，同样有对美的向往，对爱的渴求。"世界并不缺少美，而是缺少发现美的眼睛"。实践证明，注重攻心战术，重视培育心理优势，让每个人都感到自己的重要，是"不战而屈人之兵"的有效举措。只要将真挚的爱洒向他们的心田，迟开的花朵同样鲜艳夺目，芬芳宜人。

教育指导与发展

核心价值观视野下的高中学生行为文化的构建的研究与实践成果

一、研究目标与研究内容

《核心价值观视野下的高中学生行为文化的构建》课题研究的主要目标：高中学生行为文化的构建的目标就是培育出符合社会主义道德标准和强烈爱国情感、崇尚文明、规范包容的言行习惯、健全的人格和心理品质的优秀中学生，最终形成符合社会主义核心价值观的高中学校核心价值观，从实践和理论层面构建高中学生行为文化，探索出形成学校核心价值观的更为有效的新途径和新方法，寻求高中校园文化建设的内涵式发展。其主要研究内容包括：

1. 高中德育建设与行为文化的关系研究
2. 传统文化与高中学生行为文化的关系研究
3. 高中学生行为文化活动设计、目标、评价及最终构建
4. 学校核心价值观的内涵与形成
5. 构建高中学生行为文化，形成学校核心价值观

二、研究过程与研究方法

本课题从当前高中学生行为文化现状出发，致力于学生行为文化的构建，使其具有时代特征，进而探索出形成学校核心价值观的更为有效的新途径和新方法，寻求高中校园文化建设的内涵式发展，推进文化塑校战略，促进高中生的个性发展。

第一阶段：课题准备阶段（2011年9月—2012年4月），行动研究第一阶段。拟定研究思路，制订研究方案，组织研究队伍，完成课题申报。

主要任务是：培训课题研究人员，落实课题研究任务，启动课题研究工作。这个阶段我主要针对课题方案的研讨与落实，采取了自学与讨论相结合的方式，研讨了多篇与课题相关的文献资料，思考今后课题研究的方向，让课题研究的目标性更强，更加便于操作。

第二阶段：课题实施阶段（2012年9月—2015年5月），行动研究第二阶段。召开课题开题会，全面启动课题实验工作，开展相应的调查研究，接受上级指导及中期评估。

1. 校园行为文化的宏观建设

首先要塑造和谐文明的校风，根据每所中学自身的特点，大力营造严谨、科学、创新等良好的校园风气。在校园树立热爱祖国、决心为建设中国特色社会主义贡献自己全部力量的共同理想和坚定信念，培育自强不息、不怕任何艰难险阻、勇往直前的共同意志和奋斗精神，形成与时俱进、昂扬向上、勇于创新的共同追求和开拓意识。[2]

其次，积极建立相互尊重的现代师生关系，肩负起传道、授业、解惑的任务，以崇高的道德修养和人格魅力影响学生，因此学校应该大力加强师德建设，加强教师师德考核，对师德出众的教师进行奖励和表彰，以促进优良教风的形成。

再次，促进创新优良的学风。加强学风建设，不仅要在学生中提倡好学求知、尊师重道的基本要求，更应该提倡学生提高自我意识，实行自强自律，培养创新精神，形成良好的学习习惯。这就要制定完善中学生行为规范，特别是考试纪律管理，注重加强学习目的和意义的教育。

除此之外，还要大力开展读书活动、学风教育活动等以营造良好的学习氛围。

2．校园行为文化的微观建设

（1）从"表""言""行"入手，抓好学生个体形象

学生是学校的重要载体，学生个体形象的好坏直接影响学校的整体面容面貌。因此我校将重点从学生的"表"文化（仪容仪表）、"言"文化（言谈举止）、"行"文化（行为规范）三方面来整改学生的个体形象，提升学生素养，促进校园形象文化建设。

（2）采取移动课堂教学模式，陶冶学生情操

积极开展健康有益的社会实践活动，是学生行为文化建设的重要阵地。每期采取"移动课堂教学"模式，组织学生走出学校，进军营、到工厂、下农村、深入社会各个领域，开展社会实践学习和远足活动。让学生在活动中受教育、在

实践中受锻炼，在体验中培养学生的意志品质，加强对学生进行"生存教育"，丰富学生的课外生活。

（3）以学生社团为载体，培养高素质人才

为加强素质教育，丰富课余文化生活，提倡正当娱乐，培养学生的自主能力，增进学生身心健康，激发学生潜能，培养高素质的学生，学校要高度重视社团发展，关注学生社团的实践活动，使社团发展由兴趣期、困惑期、调研期、独立期逐步过渡到发展期、特色期，涌现了多个明星社团，调动了学生的积极性，为学生们提供了一个个课余施展才华的舞台。

3. 构建核心价值观视野下高中学生行为文化，进行实践与理论的升华

第三阶段：总结与结题阶段。整理分析研究材料、撰写研究报告、申请课题结题。

三、结论与对策

本课题基于"高中学生行为文化"现状，结合学校实际、培育出具有良好行为习惯和文化内涵的中学生，最终形成符合社会主义核心价值观的高中学校核心价值观。

1. 本课题研究的"核心价值观"是指包括马克思主义指导思想、中国特色社会主义共同理想、以爱国主义为核心的民族精神和以改革创新为核心的时代精神、社会主义荣辱观四个方面基本内容的社会主义核心价值观，并以此为指导对本校发展、学校生活的方方面面发挥全面辐射作用的核心价值观。一所学校的核心价值观是学校全体师生对本校发展方

向、人才培养规格、教学方式等重要问题所共有的理解与选择，是指导学校日常运作和组织发展的基石和核心。社会主义核心价值观有二十四个字，这二十四个字是社会主义核心价值观的基本内容，这二十四个字涉及国家、社会、公民个人三个层面，每个层面有八个字。在国家层面：富强、民主、文明、和谐；在社会层面：自由、平等、公正、法治；在个人层面：爱国、敬业、诚信、友善。

2. 本课题研究的"行为文化"是指高中学生在学习锻炼中用实际行动来体现和实践校园文化，它强调学生是行为文化的主体，是高中学生在学校学习、生活的各种行为中所表现出的精神状态、行为、规模和文化品位，它是学校精神、价值观和办学理念的动态反映。

3. 构建核心价值观视野下高中学生行为文化，就是以社会主义核心价值观为指导，结合高中学生生理、心理特点，营造高中学生行为文化。高中学生行为文化包括自由、民主、平等的课堂行为文化；和谐、友善的课外行为文化；法治、诚信的德育行为文化和爱国、文明的社会实践文化。构建高中学生行为文化，形成学校核心价值观是一个日积月累，不断完善的系统工程。要注意长远规划与近期安排相结合，常规工作与重点工作相结合，基础理论研究与行为实践相结合，从大处着眼，从细节入手，稳步抓紧抓好校园行为文化建设，使其形成学校的核心价值观。

四、成果与影响

（一）研究理论成果有两篇核心论文

本课题发表了两篇核心论文，其中《论构建核心价值观视野下高中学生行为文化》发表于 2015 年 6 月《湖南科技学院学报》，《论校园行为文化建设与学校核心价值观的形成》一文发表于湖南科技大学期刊社编辑出版的《当代教育理论与实践》2015 年第 6 期。

主要的理论观点有：

（1）构建核心价值观视野下高中学生行为文化，就是以社会主义核心价值观为指导，结合高中学生生理、心理特点，营造高中学生行为文化。高中学生行为文包括自由、民主、平等的课堂行为文化，和谐、友善的课外行为文化，法治、诚信的德育行为文化和爱国、文明的社会实践文化。

（2）校园行为文化建设与学校核心价值观的形成。从当前的教育教学实践来看，校园行为文化建设，无论是宏观建设还是微观建设均对学校核心价值观的形成具有不可忽视的意义。校园行为文化建设为学校核心价值观的形成提供土壤，学校核心价值观为校园行为文化建设提供思想指导。

（二）研究实践成果显著

在实践上，构建高中学生行为文化，形成学校核心价值观是一个日积月累，不断完善的系统工程。我要注意长远规划与近期安排相结合，常规工作与重点工作相结合，基础理论研究与行为实践相结合，从大处着眼，从细节入手，稳步抓紧抓好校园行为文化建设，使其形成学校的核心价值观。

我校在学生行为文化建设方面，一是着力于诚信教育，二是主张自主教育，三是加强感恩教育。教育学生应懂得感恩，因为懂得感恩的学生才知事、懂事、理解与尊重人。经常性组织学生助残帮困捐款捐物等献爱心活动中，宣扬了"一方有难，八方支援"中华民族美德，对学生进行生动的爱心教育。此外，还教育学生要懂得对环境的感恩，懂得珍惜环境，树立绿色环保意识。四是注重好学力行。教育要学生以学为本、要学以致用，努力做到"知行合一"；帮助学生发现自己，肯定自己，体验每天有进步和成功的快乐。五是关注特长教育。在知识经济的时代中，人应该有自己的特长。为此我校每周一下午组建开设有书法、舞蹈、棋类、科技、趣味数学、快乐英语、写作、球类等13个兴趣小组。通过清明节、感恩节、植树节、教师节、母亲节以及五·四、七·一、九·一八、十·一、一二·九等特殊节日对学生进行教育，通过开展校园节日文化活动，传承传统文化，将"思想美、行为美、健康美、心理美"等观念渗透到学生的内心，帮助学生树立正确的价值观和道德观。另外我校传统的"一二三四"活动德育工程也是有声有色。即组织好每年一次的"远足雨母山"；打造两个活动月："学雷锋活动月"与"读书活动月"；办好三个节：科技文化节、合唱节、体育节；举行四项比赛：校园歌手大赛、演讲比赛、主持人大赛、英语口语比赛。

三、成果应用取得的社会效用

1. 该成果应用一定时间后能基于"高中学生行为文化"现状，结合学校实际、培育出具有良好行为习惯和文化内涵的中学生，最终形成符合社会主义核心价值观的高中学校核心价值观，学生成绩能得到大幅提高。2010、2011年二本上线人数突破700大关，2012年一本上线419人，二本上线突破900人大关，占全市高考增幅的64%。2013年一本上线400人，二本上线830人，学校连年获得衡阳市高中教育质量先进单位及突出贡献奖。

2. 该成果的应用培养了一批名师。贺雪峰、陈翊民两位教师先后登上衡阳市文化品牌项目"石鼓大讲坛"担任主讲嘉宾，周慧颖名师网络工作室正式挂牌于我校。

3. 该成果的应用扩大了学校的影响力。通过研究在全国省市报刊杂志共发表有关论文40余篇。东北师大附中等50多所全国知名中学校长到我校参观学习，2013年3月学校与长郡中学结为"姊妹校"、2011年我校与市六中合作办学，衡阳市六中加挂"衡阳市一中青化山分校"牌匾。学校先后成为全国创新人才培养基地、湖南省青少年研究基地、湖南省教育科学高中高效课堂研究基地，全国十多家著名高校把我校列为生源基地。2011年衡阳市教育局特地在我校举办衡阳市校长论坛，我校校长李仲辉在会上作了典型发言。我校校长李仲辉还多次被邀请到西安、上海等地作"有效教学"

专题报告。

4.该成果的应用得到了领导的关注和媒体的追捧。中国科协领导还专程来我校参加高三教师"有效备课"活动，并作了专题报告。滕文生、周远清、梅克保、郭开朗、张文雄、张自银、李金冬、李亿龙、周海兵、周斌辉、周法清、方智远等中央、省、市各级领导或专家先后来校视察调研。市教育信息网专题介绍了该研究。衡阳电视台、衡阳都市频道等多家本地媒体特为我校作了长篇专题报道——《新一中现象》。《衡阳日报》《衡阳晚报》对成果作专题报道。《中国教育报》对我校作了题为《饮誉三湘树丰碑，打造品牌铸名校》及《从有效到高效》的专题报道，《湖南日报》作了题为《高中教育的领跑者》的专题报道，《科教新报》作了题为《借船山之剑造教育之鼎》的专题报道并全文刊发了我校的研究报告。

5.本课题的研究成果是课题组成员以及全校教师三年理论和实践探索的智慧结晶，具有较高的推广价值，可为普通高中学校提供参考借鉴。

五、改进与完善

1. 社会主义核心价值观的教育，应该是鲜活的教育、有生命力的教育，应该是理性与情感并重的教育。所以要将社会主义核心价值观的思想内涵同丰富生动的社会发展相结合，用学生可知可感的身边事、身边人，为他们树立道德的标杆、榜样的示范，让学生在自我发现的过程中，通过自我反思，实现自主成长。

2.行为文化的核心就是行为规范养成教育,其指导思想是"主动参与,自主发展",我培养学生强调的是既有独立自主的个性,又能接受行为规范的约束,实现个体活力与规范约束的和谐统一。这种育人思想,决定了追求"知行合一,立德树人"的育人目标就是以良好行为习惯养成促成学生成就最好的自己。

校本教材

第一课　构建自由、民主、平等的课堂行为文化

法国学者培根曾经说过:"习惯是人生的主宰,人们应该努力地追求好习惯。"的确,行为习惯就像我身上的指南针,指引着每一个人的行动。纵观历史,但凡获得成功的人,都是一些良好行为长期坚持,养成习惯,形成自然,习惯对一个人是非常重要。

行为习惯是人们在长时期里逐渐养成的、一时不易改变的行为方式,习惯经形成就有稳定性,成为一种自动化行为,良好的习惯使人受益终身。课堂教学不仅是培养学生智能的基本是途径,也是养成良好的行为习惯的主渠道。

一、学生课堂行为规范歌

良好习惯要牢记,做好小事成大器。
上课提前进教室,静侯老师不能迟。
文房四宝准备好,复习预习更重要。
提起来笔即练字,千万记住"四个一"。
手握笔尖一寸长,眼离书本一尺遥。
胸靠桌边一拳距,两脚分开一肩宽。
听讲坐姿须端正,聚精会神心要专。

文明守纪不插言，随堂笔记要勤记。
小组合作讲积极，回答问题声响亮。
自习课上守纪律，安静学习不喧嚷。
体育课上服装齐，听从指令不打闹。
牢记安全是第一，擅自离队不可取。
实验操作勿儿戏，管理制度记心底。
今日之事今日做，改错订正交及时。
作业按时要完成，合格学生我第一。

二、学生日常课堂行为规则

1. 学生在教室内要穿戴整洁，不准穿背心、短裤、拖鞋，不准披衣散扣和戴装饰物。

2. 预备铃响起，立即归位，准备学习用品，静候上课，不得在教室内起哄，追逐打闹。

3. 严禁学生私带通讯工具进入课堂，不得在课堂上喧哗、吹口哨等任何有碍教学的行为。

4. 老师进入教室宣布"上课"，班长喊"起立"口令，学生全体起立行注目礼并说"老师好"，老师回礼并宣布"请坐下"。迟到者要到教室门口喊"报告"，待老师允许后再入座。

5. 上课铃声响后，上体育课、美术课、音乐课和微机课等都要在所在班级教学楼下排队，然后有序进入运动场或功能教室。

6. 上课专心听讲，认真做好笔记，积极思考，大胆答问。向老师提问题，必须举手，经老师允许后方可起立发问，待老师回答后，要"谢谢老师"再坐下。

7. 上课时，要保持正确坐姿，不悬脚舞手、歪头搭颈、不打瞌睡，不说闲话，不看与课堂无关的书报杂志等。

8. 上课或自习要准时到位，保持安静。不准擅自离开座位，随便出入教室，不准哗众取宠或大声讨论问题。

9. 下课铃响，老师宣布"下课"，班长喊"起立"口令，待老师回礼并目送老师离开教室后，学生方可自由进行课间活动。

对一个人而言，优秀不是一种行为而应是一种习惯；对一所学校而言，优秀不是一时一事的展现，而是一种风气、一种精神，更是一种文化。

三、自己制定课堂行为规则

温馨提示：制定课堂行为规则所涉及的一些方面：上课前的准备行为、上课、下课、教学资料、作业、成绩评定、考勤等。

制定行为规范的一般原则：

1. 合情合理原则：明白规则使我的文明生活成为可能，"真正的自由，就是每个人都受到同样的限制"。

2. 规则应该清晰明了：例如名字写在封皮右下角，每日晨检前科代表到办公室拷课件、与物理老师沟通一天工作等。

例如关于作业成绩，制定如下规范：

①每次作业全对并字迹工整美观大方者 10+1 分。

②每次作业全对者 10 分。

③按照错题数量依次从 10 分中扣除 1—10 分。

3. 行为规范应该与教学目的与学生的学习方法一致。对秩序的需求不能以牺牲丰富的教学活动为代价。鼓励合作，但是制定合作学习过程中要互相尊重等规则，教给学生如何互动。

4.行为规范要与学校的规章制度相一致。

第二课　构建和谐、友善的课外行为文化

漫步校园，随处都能采撷可观的行为文化现象，与环境优美的校园共同构成了一幅和谐的画面。看！那一排穿着整齐制服的是校园中最美的身影——文明纠察队，校园里起得最早、最有纪律的莫过于他们了。他们总是默默地为学校的文明建设贡献一份自己的力量。听！清晨，不时传来朗朗的读书声；下午，偶有悠扬的乐声飘荡在宁静的湖面上。在周末，或许你又能看到另一些忙碌的身影，他们是无私的天使们——青年志愿者团的同学们。他们用自己无偿的付出去实现自我价值，同时也得到了他人的认可。然而一些不文明、不和谐的行为现象在校园中也时有发生，如不懂礼貌、践踏花草、寝室通宵上网、浪费饭菜……这些现象在无形之中给学校形象扣了几分，因此我需要构建和谐、友善的课外行为文化。

人一生的成长、发展、成功、幸福，离不开社会；人一生的愉快、烦恼、快乐、悲伤、爱与恨，也同样与其他人的交往分不开。没有同他人的交往、也就没有人生的悲欢离合，

也不会产生文学、艺术和科学，换句话讲，没有与他人的交往，也谈不上其他的一切。也正因为这些原因，马克思提出人的本质属性是社会性，人是社会性动物，因此与人交往不仅是每个人生活中的基本组成部分，也是建构人类文明的基础。人不能脱离社会而存在，人的生活离不开与人的交往，这是可以肯定的，但是一个人拥有什么样的人际关系，却关系着他生活是否幸福。假如一个人拥有融洽和谐的人际氛围，无疑他是幸福的。相反，假如一个人生活在紧张的人际关系中，那么伴随他的必然是孤独、寂寞、自卑和疑虑。进入中学阶段，良好的人际关系开始成为影响中学生个人健康成长重要的因素。一个人如果能生活在一个温馨的集体环境中，与周围的同学、老师建立起和谐的关系，他就会消除孤独感，产生安全感，保持情绪的平静和稳定。否则，就会感到孤独和压抑，进而影响学习、生活，影响我中学生的心理健康。

同学之间，来自不同地方不同环境，总会存在一些差异，包括生活习惯、思维方式、个人态度等，人与人的相处，需要互相理解尊重，用心去对待，才能维系良好的人际关系，和谐相处。

方法 / 步骤

1. 互相尊重

不管在生活中、学习上，每个人都有自己的习惯和特点，同学之间，要互相尊重，尊重彼此的生活习惯，尊重彼此的不同看法，在不干扰和影响彼此的情况下，学会尊重别人。

2. 彼此理解

每个人的成长环境不同，所以形成了不同的性格和特点，有时候想法的不同，表达的不同，也许会造成一些误解，同学之间该互相理解。在了解的基础上做到理解和谅解。

3．懂得关心和帮助

同学之间，如果有需要帮助的，而又是自己能力范围内的，那就尽量去帮忙吧。举手之劳，何乐而不为呢。同学之间本来就该互相关心的。

4．善于分享

有好吃的好玩的或者是有趣的事情，都可以跟同学分享。一方面拉近你们之间的距离，另一方面分享快乐就是在传递快乐。你怎么对待别人，别人也会如何对待你。

5．待人友善

用善良的、正面的态度去面对身边的人，对人友善，别人也会因此更加欣赏你。同学之间的交往还是比较简单、单纯的，简简单单，真诚待人，你自己也会更加快乐。

人际关系问题是中学生反映最多、最困扰中学生的问题之一，主要包括以下几个方面：

1．与同学的关系问题

主要集中在交友方面，因处理不好朋友之间的关系而苦恼。有位学生讲到，他的一位好朋友总是对他不信任，怀疑他对朋友的友谊，认为他为朋友的付出不够多，使他十分苦恼，不知怎样做才能消除朋友的怀疑。还有一位女生因两个要好的朋友发生了矛盾，她夹在中间十分为难，与甲交往怕乙不高兴，与乙交往又怕甲不理解，最后干脆两位朋友都不再交往，可内心又十分孤独、寂寞，想恢复与朋友的关系又不知该怎样去做。此外，尚有个别学生因初中升到高中朋友越来越少，而怀疑世上没有真正的友谊，也交不到真正的朋友，进而想离世隐居的。

2．与教师的关系问题

主要集中在由于教师对学生的不理解。过多干涉学生的业余生活和正常交往而引起的困惑和烦恼。有位中学生谈到，一次他向一位同班女生询问功课，被老师看到后受到了苛刻的指责，并把这事作为一条小辫子抓在手里，动辄就揪出来"示众"一番，"你以为我不知道你吗？"，严重地刺伤了他的自尊心，导致他对教师的反感，对立，老师指东他偏向西，内心又十分矛盾，甚至影响了对学业的兴趣。有学生干部谈到，现在做班干部真难，两头受气，不管事，教师批评你不负责任，要管事，又难免与一些同学发生争执，若一旦吵起来，老师首先要批评班干部，故而觉得十分委屈。生老师的气又不敢顶撞；想不干了又怕失去老师的信任，左右为难十分矛盾，不知到底该怎么办。此外，还有一些其他想法，诸如：认为老师"嫌贫爱富"的，认为老师"处事不公正"的，认为老师"轻视自己"的等等。都反映出学校中师生关系的问题。

3．与父母关系的问题

主要是因父母与子女之间缺乏相互理解和沟通，或家庭关系不和学生造成的心灵伤害。

这三个方面之中对于我高中学生来说，前两个方面是至关重要的，因为我高中生大部分的时间是在学校度过的，因此处理好这两个方面的关系对于中学生尤为重要，这不仅关系到学生的学习、生活，更重要的是融洽的人际关系可以促进身心发展，能愉快的学习、快乐的生活。

对于中学生来说，良好的人际关系开始成为影响中学生个人健康成长重要的因素。一个人如果能生活在一个温馨的集体环境中，与周围的同学、老师建立起和谐的关系，会身心愉快地学习、生活，但是良好的人际关系不等于"和周围的每一个人都很亲密"。特别是进入到青春期的中学生，自我意识有了极大地提高，个人的独立性也已经大大地增强，每个人对人、对事、对人生、对生活都开始有了自己的看法，希望能独立地安排自己的学习和生活，而不希望别人过多地干涉自己，这便是中学生与小学生的区别。因此中学生建立良好的人际关系更应重视的是与他人在思想认识和生活体验上的交流、在生活上的必要关心和帮助以及互通信息等方面，而不是形式上的形影不离和亲密无间。下面五个方面同学们在建立良好的人际关系时应该注意和借鉴。

1. 要热情交往

人际关系是互动的，不要总是消极地等待别人来主动关心自己，而要主动地与周围的同学交往沟通。开放自我是有感染性的，你对别人开放，别人也会对你开放。当对方走出故步自封、自我封闭的死圈子的时候，你不仅会对对方有更深一层地认识，更重要的是对自己也会有新的认识和体验。

2. 要理解尊重

每个人都有自己的气质和性格特点，不同的成长背景和生活习惯，所以在与同学交往的过程中，如果能互相理解尊重，大家的关系就容易融洽，也会减少不必要的摩擦。

3．要以诚相待

人与人的交往，最重要的就是真诚和善意，这也是做人的根本原则。口是心非，虚伪傲慢的人是难以有朋友的。

4．要宽容谅解

俗话说："人无完人，金无赤足。"我周围的同学（包括自己）都还处于成长的阶段，处理问题常会有很多不妥之处，在许多问题上同学间也会有不同的见解，这就要求我换位思考，能够从对方的角度考虑问题，相互谅解，就不会导致敌意。

5．消除依赖感

在人际交往中还有一种不健康的心态，就是依赖感过强的人，总是希望别人像父母兄姐一样关心自己，凡事都要别人替自己拿主意，这是缺乏独立意识的表现。过强的依赖感还会发展成为控制欲，他们强求别人和自己一起学习，一起复习功课，向自己通报行动计划，甚至限制别人同其他同学的交往。这是一种人格缺陷，应及时加以纠正。当然，这五方面是具有普遍性的适合于大众化的情况，所谓一把钥匙开一把锁，这就需要我中学生从自身实际出发，具体的来处理与周围人的关系，力争使自己处于融洽和谐的人际环境中，从而更好的学习、生活。

思考：和谐、友善的课外行为文化与我平时的行为有没有关系？

一、穿戴整洁、朴素大方，不烫发，不染发，不化妆，不佩戴首饰，男生不留长发，女生不穿高跟鞋。

现在人们生活富裕了，有不少人都注意起自己的形象。注意自己的形象是一件好事，但有的同学却误解为建立自己良好的形象就是穿上与众不同的服装，染上一个金黄色或者五颜六色的头发，女生涂上红红的嘴唇，佩戴上耳环手镯等首饰，穿上让人担心的高跟儿鞋，男生留起长发，就是树立起了自己的形象。

其实评价一个人的形象，不仅要看衣妆打扮，更要看内涵。良好的外表打扮与精神美和谐的统一，这才是最好的个人形象。所以，一个人没有相应的内涵，尽管打扮得很酷、很帅、很入时、很引人注目，但他（她）的形象只能是金玉其外，败絮其中。

人的衣妆打扮、内涵和个人形象的关系就如一份礼物。衣妆打扮是包装，而内涵就如包装下的那份礼物，个人形象就是整份礼物。一份昂贵而又精美的礼物，如没有包装或包装得不好，就不能第一时间引人注目，以及不能给人留下印象，甚至被忽略，但一份礼物包装得非常抢眼，拆开来一看，里面的却是一个令人大失所望的驴粪蛋，你会作何感想。要清楚，包装始终都会被拆除，被扔掉。

莎士比亚有一句名言："衣裳常常显示人品"，"如果我沉默不语，我的衣裳与体态也会泄露我过去的经历"。衣裳能显示人品的高下，此话虽然有些绝对化，但外表打扮确实是修养、气质的一个表现。

外表打扮对人有一个重要的地位，但外表打扮之美是有多样的，既有淳朴典雅、庄重大方的民族性，又有兼收并蓄、择善而从的开放性；既有标新立异、健康活泼的创造性，又有流派纷呈、风靡流行的时代性。由于人的身份不同、文化素养和喜好的不同，外表打扮一般要符合自己的身份。凡有一定文化素养和审美观的人，他们的外表打扮一般都不模仿他人，而且要符合自己的身份。一般情况下，要符合三色原理。

学生也是如此，倘若课堂上坐满服色艳丽、款式怪诞的学生，这就不像课堂而像夜总会。我毕竟是学生，无论在东方，还是在西方，学生不同于成人。至于什么样的外表打扮符合学生，它是有规律的：活泼而不轻佻，文雅又不呆板。大方富有朝气，新颖但不离奇。经常打扮得大大方方的青少年，会给人以文雅的印象，久而久之，自己会趋于文雅；倘若总打扮华丽的话，留给人的印象是轻佻，长此以往，自己也会流于庸俗。

除了大方以外同学们的外表打扮应能体现青少年的风格，应力求朴素，因为朴素的衣着更能显示青少年朴实无华而又文雅的风度。盲目地追求时髦，有时会导致盲目地追求名牌，不但浪费了父母的血汗钱，还破坏了青少年的风格和形象。作为中学生不要着意打扮自己的外表，不需要穿一些庸俗华丽的衣服，只需要活泼、自然、整洁就可以了，校服就是我每个学生最好的衣着。

二、讲究卫生，养成良好的卫生习惯。不随地吐痰，不乱扔废弃物。

在讲究卫生方面，有些同学的卫生习惯是非常差的。随地吐痰，乱扔废弃物的同学屡见不鲜，例如吃过水果把果核扔到房顶，喝过饮料把饮料袋塞到墙缝里面或者随手丢在地上。吃过瓜子，瓜子皮满地都是，住校生半月不洗自己的床单、被套、枕巾，如果不知情的人走到他的床前还认为他是一位挖煤的。当然有这种行为的同学只是少数，绝大多数的同学是有优良好的卫生习惯。要是绝大多数的同学没有良好的卫生习惯，那么校园就会变成垃圾场，教室就变成了养猪场。只因为大多数的同学有良好的卫生习惯，校园才干净漂亮，教室才窗明几净，学校才变成了环境优雅的育人场所，教室才变成了我学习成才的乐园。那些有不良卫生习惯的同学，请赶快改掉自己的坏毛病，因为有一个良好的卫生习惯是一个人必须具备的素质。只要每一位同学不乱丢废弃物，校园在一整天内都会保持它整洁的面容，每个班的值日生会在很短的时间内做完卫生，将会有更多的时间去学习、去玩耍。相信，每一位同学都能做到的，一定能做到的。

三、举止文明，不说脏话，不骂人，不打架，不赌博。不涉足未成年人不宜的活动和场所。

一个人的谈吐，可以反映出他的文化水平、思想感情和道德修养，可以反映一个人的思想正确与否，是心灵的窗口，可窥见一个人思想境界的高低，也是一个人的道德、文化、知识水平高低的标志。举止文明是个人最好的表达方式，就算自己聋了、哑了、瞎了，但你的举止不是冻僵的。通过它，也可以表达出你的内心。自己的一举一动时刻影响着自己的形象，因为无时无刻都总有人观察着自己。所以我要注意自己的举止要文明，在任何场合都需遵守基本礼仪，在公共场所要约束着自己的举动，在平时也要时刻注意改正自己不好的小动作。

作为青少年，在注意自己举止的同时，更应该注意自己的所作所为。曾有一位穿着整洁的商人，在一辆公交车上举止斯文，但竟忍心看着一位年老的婆婆摇晃不定地站着，不让出座位。这位商人的外表已美化不了他的个人形象，因为他那不正当的行为已将他的个人形象埋没在泥土里。由此可见，我每一位同学在做事之前一定要三思自己的做法是否正确，行为一定不能与道德相抵触。文明的举止是一个人内心世界的反映，是道德修养的外在表现。那些粗俗的举止行为，不但不雅观，而且还可能导致误解，影响人们之间的友好交往，可是我有的同学开口脏话连篇，闭口痞语不断，在观看演出或体育比赛时吹口哨、乱起哄，在马路上横冲直撞，在公共场所吵吵闹闹、大声喧哗，拉帮结派，打架斗殴。自己认为这是豪放的象征，其实这是没有文化，没有修养的表现。要想给人好感，最基本的要求是不说脏话，尽力追求语言的委婉含蓄，不打架，不赌博，不到营业性的歌舞厅，网吧，尽力追求行为举止文明大方。

给大家讲个故事：一个山中修行的老僧月夜散步归来，碰上一个小偷，正在他的茅屋里往外走。他知道小偷在茅屋里找不到任何值钱的东西，便脱下身上的大衣披在惊魂未定的小偷身上，说："你走这么远的山路来探望我，总不能让你空手回去呀！"小偷愕然。望着消失在夜色中的小偷，老和尚感慨地说："可怜的人呀，但愿我能送一轮明月给你！"第二天早上，老和尚睁开眼睛便看见那件披在身上的大衣，叠得整整齐齐地放在门口。老和尚高兴极了，心中想到"我终于送了他一轮明月。"

同学们，粗俗非丈夫，行端好男儿，让我学会宽容、学会忍让，做一个举止文明，谈吐高雅的新一代中学生吧。

四、情趣健康，不看色情、凶杀、暴力、封建迷信的书刊、音像制品，不听不唱不健康歌曲，不参加迷信活动。

高尚的情趣，指一个人的性情和志趣高远不低俗。在我身边有许多同学，他们各有特点，各有长处。仔细观察，我就会发现，有些同学热爱生活，与人相处融洽；有些同学写作绘画都很在行；有些同学会一两门乐器，演奏起来，韵味十足；有些同学，或爱集邮，或会下棋。

"兴趣是最好的老师"，它能推动我去寻求知识和从事某种活动，广泛而正当的兴趣，能够使人接触和注意多方面的事物，获得广博的知识。在此基础上建立起来的高雅的情趣可以有益于个人身心健康，有利于开拓眼界和开发智力，有助于提高道德和文化素养。许多有作为的人，都有着浓厚的生活情趣。《红楼梦》作者曹雪芹在写大观园建筑时，像是一位精通建筑学的建筑师；在写大观园花草树木时，又像颇有研究的植物学家；在写给病人看病、号脉时，又如一位高明的医生。《红楼梦》之所以成为不朽名著，是与曹雪芹的渊博知识和广泛兴趣分不开的。

在我的学生当中，也有一些同学有着庸俗的情趣，我也会发现，身边还有些同学，每天的生活就是"吃饭——上课——睡觉"，有甚者喜欢看色情、凶杀、暴力、封建迷信的书刊、音像制品，爱听、爱唱不健康歌曲，跟着父母参加迷信活动。生活单调乏味，没有什么乐趣，没有多少朋友。他们醉心于电脑游戏，无心学习，从而荒废学业。极少数学生，打起电子游戏来，长达数小时，甚至通宵达旦。这样不仅会严重伤害正在发育中的身体，而且对自己精神方面也会造成摧残。更危险的是打电子游戏机需要时间和金钱。如果哪位同学迷恋电子游戏，不仅浪费了宝贵的时间，还会花费许多父母辛勤劳动得来的金钱；当金钱得不到满足时，这些学生就可能采取欺骗和偷窃的行为，走上违法犯罪的危险道路。

第三课 构建法治、诚信的德育行为文化

法治是用律法调节、规范、约束、警戒、评价社会成员的一种治理方式，法治是相对于人治而言的，是以宪法和法律作为全社会公民最高行为规范的治国理念。法治与人治并不截然对立，法律最终还是需要人来执行和遵守，其目的还

是为人的发展。

一、诚实守信，言行一致，答应他人的事要做到，做不到时表示歉意，借他人钱物要及时归还。不说谎，不骗人，不弄虚作假，知错就改

先给大家讲个故事：一艘货轮在烟波浩淼的大西洋上行驶。一个在船尾搞勤杂的黑人小孩不慎掉进了波涛滚滚的大西洋。孩子大喊救命，无奈风大浪急，船上的人谁也没有听见，他眼睁睁地看着货轮托着浪花越来越远。

求生的本能使孩子在冷冰的水里拼命地游，他用全身的力气挥动着瘦小的双臂，努力使头伸出水面，睁大眼睛盯着轮船远去的方向。

船越来越远，船身越来越小，到后来什么都看见了，只剩下一望无际的汪洋。孩子力气也快用完了，实在游不动了，他觉得自己要沉下去了。"放弃吧！"他对自己说。这时候，他想起了老船长那张慈祥的脸和友善的眼神。"不，船长知道我掉进海里后，一定会来救我的！"想到这里，孩子鼓足勇气用生命的最后力量又朝前游去。

船长终于发现那黑人孩子失踪了，当他断定孩子是掉进海里后，下令返航，回去找。这时，有人规劝："这么长时间了，就是没有被淹死，也让鲨鱼吃了。"船长犹豫了一下，还是决定回去找。又有人说："为一个黑奴孩子，值得吗？"船长大喝一声："住嘴！"

终于，在那孩子就要沉下去的最后一刻，船长赶到了，救起了孩子。

当孩子苏醒过来之后，跪在地上感谢船长的救命之恩时，船长扶起孩子问："孩子，你怎么能坚持这么长时间？"

孩子回答："我知道你会来救我的，一定会的！"

"怎么知道我一定会来救你的？"

"因为我知道您是那样的人！"

听到这里，白发苍苍的船长扑通一声跪在黑人孩子面前，泪流满面："孩子，不是我救了你，而是你救了我啊！我为我在那一刻的犹豫而耻辱！"

一个人能被他人相信也是一种幸福。他人在绝望时想起你，相信你会给予拯救更是一种幸福。

同学们，诚实守信是中华民族的美德。从古到今，人人都希望得到一个可以相信别人，也可以被别人相信的社会。只有这样的社会才是一个美好的社会。

诚实守信就是说老实话、办老实事、做老实人，言行一致，讲信用，守承诺，公平竞争。根据这个意思，在思考诚信的这种道德要求时，应当认识到我要做到诚实守信，言语信实可靠，不说谎，不欺诈，严格遵守对别人做出的承诺。

诚信，主要是指由发自内心的意愿而信守诺言，诚实无欺。说话不算数或说谎话欺骗别人，可能会给别人造成伤害，这就是社会要求我遵守诚信的主要原因。

在社会中需要和别人一起合作。如果一个人不诚实守信，人们都不信任他，也就没有人愿意跟他合作，那么他的利益就会直接受到损害。反过来，一个人若能得到他人的依赖，他可能有更多的机会获得利益。

有一句谚句，叫做"诚实是最好的策略"。它的意思是，如果我想真正获得利益，诚实是最好的办法。周恩来也曾经说过："最老实的人才是最聪明的人。"这都是人们从生活中亲身经验中总结出来的道理。

诚信告诉我，一个人不管今后做什么事情，都必须能让别人信任，能让别人心里清楚答应了别人的事，就会努力去实现。一个人只要有诚信，他就能站得住。这就是古人所说的"诚信立身"的道理。真正遵守诚信的人，往往因为自己许下了某个诺言，要求自己说话一定要算数，而不会时时计较自己的利益得失。

在学校里也要讲诚信。如果和别人打架了，或是惹祸了，都要勇于承认。不要把自己需要承担的责任推到别人的身上去。

同学们，要诚实诚信，言出必行。如果有人需要帮忙，在帮忙之前要先问清楚，帮什么忙，如果是不好的事，就不要做，如果是好事就可以去帮他完成。我在人家做客，不要随便拿别人的东西。到同学家做客的时候，看到桌上有好东西，如果想得到，不要没有经过别人允许就拿。如果你拿了，人家追问你，你就应该如实告诉人家，跟人家讲清楚，并且请求原谅。有些同学在学校时闯了祸，当老师查问的时候自己却隐瞒了过去，这就是不诚实的表现。希望闯了祸的同学应该说实话，勇于承认，并且保证，以后不要说谎话了，要做个诚实守信的好学生。

要具有诚信的品质，因为一个人不管今后从事什么职业，做什么事情，必须能让别人信任，能让别人心里清楚：答应别人的事，就要努力去做。

建立一个人可以想信别人，人人可以被别人想信的社会，一直是人们美好的理想。这种理想其实也就是对诚信的追求与歌颂。人们常说："单一的音符不能构成美妙的乐章"，同样的道理，一次诚信行为不能构成一种诚信的美德，一个诚信的个人不能构成一个诚信的社会，让我们一起努力，培养诚实守信的行为习惯，携手造就一个可以相信别人，同时也可以被别人相信的美好社会吧！为了能够为我的将来打下一个好的基础，做一个诚实守信的人吧！

二、平等待人，与人为善。尊重他人的人格、宗教信仰、民族风俗习惯。谦恭礼让，尊老爱幼，帮助残疾人

先给大家讲个故事吧。2007年的一个星期六中午，有一位作家到街上去买烤红薯，烤红薯散发出了诱人的香味，走到摊位前，发现站着一个衣衫褴褛的老人，佝偻着腰，在那儿静静的站着，这位老人站在那里不动也不说话，显然，老人的眼中还残留着一些为人的尊严，他没有开口乞讨是想维护他那基本的尊严。

老人站在那不动，眼睛随着忙碌的老板的身影来回移动。老板肯定早就发现他了，只是无暇顾及，过了一会儿，老板拿出了一个一毛钱的硬币递给老人。老人没有立即接过钱，只是静静的盯着香气诱人的烤红薯。老板怕老人妨碍自己的生意，示意老人走开。作家走上前去问这位老人家：你看哪个红薯好。老人指着一个最大的红薯说：这个好。作家买了这个烤红薯，递给了老人家。

生活中，每个人都会遇到一些难堪、麻烦或窘迫，也许我并不想去麻烦别人，但如果能够得到他们的帮助，那么麻烦就会少一些，生活起来就更方便一些，也可以更顺利地解决

一个问题、完成一件事情。与此同时，那些帮助我的人并不会有任何大的损失，有些反而可以从中获取一些好处，或许可以从中获取一些乐趣。

当别人遇到麻烦的时候，而我能够帮助他们的时候，我为什么还要无动与衷呢？

现在的社会更强调互帮互助，忠诚合作，实现双赢。这种帮助不是那种很单纯的帮助，里面往往带有一定的功利性，似乎给人一种相互利用后双方共同获取一些利益的感觉，这只能说是一种合作。如果人们只是为了获得回报而去帮助别人就太过于虚伪了，希望给别人提供的帮助是那种发自内心的，是真诚的，是令人感到愉快的，是一种无私的奉献。

对于中学生来讲，"与人为善"是指生活中的一些小事情，同学之间的相互理解、相互尊重、相互关心。在别人困惑的时候，给予开导；在别人繁忙的时候，给予分担；在别人遇到困难的时候，要帮助解决。与人为善，与己为善，何乐而不为？

三、爱惜名誉，拾金不昧，抵制不良诱惑，不做有损人格的事

俄国著名作家契柯夫有一次接到弟弟的来信，信上自称

"你的渺小无闻的弟弟"。契柯夫看了后立即回信道:"你为什么自称自己是'渺小无闻的弟弟'?你承认自己渺小吗?人应当有自己的尊严,你是个正直的人,那就尊敬自己是个正直的人吧!要知道正直的人不是渺小的,不要把谦虚和妄自菲薄混为一谈"契柯夫的话道出了一个真谛:人生在世,不但应该堂堂正正办事,而且要顶天立地的做人。《中学生日常行为规范》告诫我"爱惜名誉,不失人格"也就是告诉我要懂得自尊,并以自尊去指导、约束自己。这样你才懂得人生的价值,充满对生活的信念,树立强烈的荣辱观,在心灵上筑起坚固的道德防线,从而酿造出甜美的生活之蜜,铸造起征服邪恶的锋利之剑。例如:学校举行运动会,许多参加比赛的运动员和为班级摇旗呐喊、擂鼓助威的同学,为了一个目标,为了自己的班集体的荣誉,为了自尊,勇往直前,努力拼搏。虽然冠军只有一个,但他们胜不骄,败不馁,出现了许多感人的画面。但如果有的班级的个别人,虽然初衷是善意的,他们冒名参赛,损害了其他班级和个人利益,这种胜利和尊严是虚假的,是不合法的,是违背了体育精神和竞赛规则的,所以自然也不能得到大家的赞赏。俗话说:"孔雀爱惜尾巴,好人珍惜名誉"。瞬间失去的名誉,百年也不能回复。"爱惜衣裳要从新的开始,爱惜名誉要从小做起。"从这些谚语不难看出,名誉比生命可贵。爱惜自己的名誉,是有着五千年历史的中华民族的传统美德,你能像珍惜生命一样爱惜自己的名誉吗?有这样一个故事:东汉有一位很有名望的老师叫杨震,桃李满天下,他有一位学生叫王密,才华出众，在杨震的推荐下当了县官，王密十分感激。有一天夜晚，王密来见杨震，他说了许多感激的话，想把一仓黄金奉送给老师，但杨震坚决不收。当王密一再劝解，杨震严肃地讲："今天若我收下你的黄金，天知、地知、你知、我知，分明有这'四知'，你失去的只是黄金，我失去的却是比生命更可贵的名誉！"王密听了老师的一席话羞愧地低下了头。这个故事，使我感触很深，杨震是多么地爱惜自己的名誉啊！为了自己的名誉，他可以不要黄金，他甚至把名誉看得比自己的生命更重要。

同样，中学生要格外地爱惜我的名誉，要认识到名誉对于一个人的重要性，应从小事做起，严格要求自己，一旦发现自己做错了，即使没人发现，没有受人指责，也应感到内疚和羞愧。爱惜衣服从新开始，爱惜名誉从小做起，只有从小爱惜自己的名誉，才能成为一个受人信赖和尊敬的人！

第四课　构建爱国、文明的社会实践文化

同学们，大家在如此温馨祥和的环境中学习、生活，应该感到无比幸运，所以，把庸俗的和不健康的东西抛到九霄云外，用高雅的生活情趣装点我的人生，做一个遵纪守法、文明高尚的人，过着属于自己的健康的生活。学校成立了篮球、足球、田径、合唱团、舞蹈队等兴趣小组，希望在这方面有兴趣的同学积极参加。从现在开始培养自己健康的情趣，做一个多才多艺的中学生。各大社团也都开展了一系列立意好、质量高、影响大的精品社团活动，社团文化艺

术节更是社团活动中的一大亮点……这些青春的律动无不体现着我"诚信、包容、高尚、和谐"的校园文化，也是对校园文化的最佳诠释，不仅展现了学生的文化素质和青春活力，也为学校增添着文化的气息。

　　爱国就是对祖国的忠诚和热爱。历朝历代，许多仁人志士都具有强烈的忧国忧民思想，以国事为己任，前仆后继，临难不屈，保卫祖国，关怀民生，这种可贵的精神，使中华民族历经劫难而不衰。捐躯赴国难，视死忽如归，正是由于对祖国的深切热爱，勤劳智慧的中华儿女共同开拓了辽阔的疆域，创造了辉煌灿烂的文化。同学们肩负着实现中华民族伟大复兴的我，要热爱祖国的历史和文化，提高民族自尊心和自信心，为创造更加辉煌的民族文化而尽心尽力，更需要不断弘扬爱国主义的优良传统。只有这样，中华民族才能重振雄风，为人类文明与进步做出更大的贡献。 少年兴则国兴，少年强则国强。要弘扬伟大的中华民族精神，高举爱国主义旗帜，锐意进取，自强不息，艰苦奋斗，顽强拼搏，真正把爱国之志变成报国之行。今天为振兴中华而勤奋学习，明天为创造祖国辉煌未来贡献自己的力量！有的同学会认为国家的荣誉这个概念太大了，如何去维护？不妨打这样一个比方，你看到有人在照着你家的大门小便，或把垃圾堆放到了你家的大门前，或把你爸爸的名字写在了厕所的墙壁上，你是什么感受，难道是熟视无睹吗？不会的，你会气的发疯。你为什么要生气呢？这是因为他的行为有损于你家的荣誉，你家的房子，你的爸爸就是你家的象征。同样的道理国旗、国徽、国歌就是我祖国的象征，要维护国家的荣誉，首先要尊重国旗、国徽、国歌。看有的同学在升降国旗时嘻嘻哈哈，不严肃不行注目礼，不会唱国歌，冬季时戴着手套，围上围巾，把自己围的严严实实，这都是不尊重国旗、国徽、国歌的表现。

社会实践活动给生活在象牙塔的学生们提供了广泛接触基层、了解基层的机会。深入基层，深入农村，能从中学了很多书本上学不到的东西。也真实的理解了"从群众中来，到群众中去"的真正涵义。的确，感性认识到只身到实践中去，到基层中去体验才知道其正确与否，同样，只有在实践中把个人的命运同社会、同国家的命运联系起来，才是青年成长成才的正确之路。这次短暂而充实的实践将对我们走向社会起到了一个桥梁作用、过渡作用，将是我人生的一段重要的经历，一个重要步骤，对将来走上工作岗位也有着很大帮助。

"千里之行，始于足下"。文明灵动的体验文化，在多元的社会实践中为高中学生的健康成长开辟了新的构建途径，搭建了全新的平台，营造了良好的氛围。构建文明的社会实践文化，可以培养我的创造力、记忆力、观察力、注意力、意志力等能力，形成不拘一格，持之以恒，坚韧顽强的行为文化，使我受益终生。

第五课 社会主义核心价值观与行为文化的关系

　　党的十八大提出，倡导富强、民主、文明、和谐，倡导自由、平等、公正、法治，倡导爱国、敬业、诚信、友善，积极培育和践行社会主义核心价值观。富强、民主、文明、和谐是国家层面的价值目标，自由、平等、公正、法治是社会层面的价值取向，爱国、敬业、诚信、友善是个人层面的价值准则，这24个字是社会主义核心价值观的基本内容。

　　"富强、民主、文明、和谐"，是我国社会主义现代化国家的建设目标，也是从价值目标层面对社会主义核心价值观基本理念的凝练，在社会主义核心价值观中居于最高层次，对其他层次的价值理念具有统领作用。富强即国富民强，是社会主义现代化国家经济建设的应然状态，是中华民族梦寐以求的美好夙愿，也是国家繁荣昌盛、人民幸福安康的物质基础。民主是人类社会的美好诉求，我追求的民主是人民民主，其实质核心是人民当家作主。它是社会主义的生命，也是创造人民美好幸福生活的政治保障。文明是社会进步的重要标志，也是社会主义现代化国家的重要特征。它是社会主义现代化国家文化建设的应有状态，是对面向现代化、面向世界、面向未来的，民族的科学的大众的社会主义文化的概括，是实现中华民族伟大复兴的重要支撑。和谐是中国传统文化的基本理念，集中体现了学有所教、劳有所得、病有所医、老有所养、住有所居的生动局面。它是社会主义现代化国家在社会建设领域的价值诉求，是经济社会和谐稳定、持续健康发展的重要保证。

"自由、平等、公正、法治"，是对美好社会的生动表述，也是从社会层面对社会主义核心价值观基本理念的凝练。它反映了中国特色社会主义的基本属性，是我党矢志不渝、长期实践的核心价值理念。自由是指人的意志自由、存在和发展的自由，是人类社会的美好向往，也是马克思主义追求的社会价值目标。平等指的是公民在法律面前的一律平等，其价值取向是不断实现实质平等。它要求尊重和保障人权，人人依法享有平等参与、平等发展的权利。公正即社会公平和正义，它以人的解放、人的自由平等权利的获得为前提，是国家、社会应然的根本价值理念。法治是治国理政的基本方式，依法治国是社会主义民主政治的基本要求。它通过法制建设来维护和保障公民的根本利益，是实现自由平等、公平正义的制度保证。

"爱国、敬业、诚信、友善"，是公民基本道德规范，是从个人行为层面对社会主义核心价值观基本理念的凝练。它覆盖社会道德生活的各个领域，是公民必须恪守的基本道德准则，也是评价公民道德行为选择的基本价值标准。爱国是基于个人对自己祖国依赖关系的深厚情感，也是调节个人与祖国关系的行为准则。它同社会主义紧密结合在一起，要求人们以振兴中华为己任，促进民族团结、维护祖国统一、自觉报效祖国。敬业是对公民职业行为准则的价值评价，要求公民忠于职守，克己奉公，服务人民，服务社会，充分体现了社会主义职业精神。诚信即诚实守信，是人类社会千百年传承下来的道德传统，也是社会主义道德建设的重点内容，它强调诚实劳动、信守承诺、诚恳待人。友善强调公民之间应互相尊重、互相关心、互相帮助，和睦友好，努力形成社会主义的新型人际关系。

思考：社会主义核心价值观对我中学生的行为文化有哪些要求？

核心价值观视野下的高中学生行为文化的构建研究报告

一、问题的提出

1. 精神信仰的缺失导致当前部分高中学生行为的异常化与文化的缺失。

"一所学校办学的最高境界,就是从学生的言谈举止中能看出学校风格、学校文化。"作为传播知识和文化的重要场所,学校是学生成长的一个重要环境,但是现在有的学校迫于升学压力,忽略了学校文化的建设,结果由于学校一味应试,本该文化气息浓郁、精神焕发的校园,居然成为了一座"文化孤岛""精神孤岛",学生们只会机械而又枯燥地演练各种习题,而没有办法享受丰富多彩的文化精神生活。由于学校文化精神的缺失,出现了千校一面的景象,而本应千姿百态的学生群体,却被演化成一种发展模式,很多学生缺乏信仰、缺乏精神。

首先,不少高中学生行为偏向个人和注重自我价值。我的学生多为独生子女,长期处在长辈的呵护之下,本来就容易产生"唯我独尊"的心态,而外来"个人至上"文化思潮的影响更对此起了推波助澜的作用。不少学生由于家庭环境比较优裕,自小养成了衣来伸手饭来张口的习惯,生活自理、心理承受能力差。在自我表现上，不少学生追求"鹤立鸡群"的个性，无论在行为举止还是在外表仪态上，都喜欢走极端化，过分关注自己的个性张扬。在人际交往方面，常常过于强调个人发展、自我价值的实现，以自我为中心，严于待人，宽于待己；缺乏团结互助精神，集体意识、服务意识淡薄。在生活目标上，大部分学生没有理想，行为盲目随意。

其次，不少高中学生素质低下，缺乏基本的道德修养和基本的行为习惯。在校内，纪律涣散——在渴望自由解放中放纵自己。有的高中学生纪律观念淡薄，上课东张西望，作业半壁江山（答题时东拉西扯），考试交头接耳，下课玩物丧志（上网游戏），有的高中学生甚至不服管理，打骂老师，离家出走，过着"自由自在"的生活。在校外，据调查显示，有41.4%的学生承认在公交车或地铁上很少或从来没有给别人让过座；30.3%的学生经常或有时在公共场所随手丢垃圾，50.1%的学生答"很少"，只有19.6%的学生答"从来没有"；有43.4%的学生经常或有时闯红灯，43.8%答"很少"，只有12.8%的学生答"从来没有"。

第三，传统文化"正遭遇"遗忘危机"。据《中国青年报》登载的《中日韩美高中生比较研究报告》显示，中国高中生对外部文化确实很向往。数据显示，中国高中生有强烈的国际交往需求和出国留学意愿。88.2%的中国高中生对外国文化生活感兴趣。

我曾做了一个随机采访，结果有一些是令人啼笑皆非的。不少高中学生不仅不能正确说出端午节的具体日期，对端午节的习俗、由来更是一问三不知。然而提到西方的情人节、圣诞节等洋节，他们却夸夸其谈。这是否传递着这样一个信息：我的民族文化正被新一代逐渐"淡忘"？造成现代青少年"西化"以及民族文化被"淡忘"的主要原因还在于教育。包括学校教育、家庭教育和社会教育。如今的教育并没有给孩子一个尊重、沿袭传统民族文化的环境，对于缺乏批判接受能力、模仿力又极强的青少年来说，被"西化"就不足为奇了。

调查中，我还发现学生文化感知偏重于通俗流行、刺激性、娱乐性强的感觉型文化。学生的兴趣爱好最能体现出他们的文化感知取向。调查表明，有 76.2% 的学生喜欢唱歌、听音乐（主要是港台流行音乐），53.9% 的学生喜欢看侦探小说、科幻小说。学生们喜欢看休闲娱乐、影视、体育等文化报刊，而对文学等深层文化内容的书刊则关注程度较低。

2. 当前高中学生价值观取向的复杂性

北京师范大学价值与文化研究中心副教授李晓东则认为，"在社会转型期，西方价值观大量流入，传统价值观大量流失。二者之间的博弈，成为当今社会价值观困惑的重要诱因。"与此相应，"传统文化教养的缺失，是高中学生价值观出现偏差的重要原因之一。"

新时期中学生的人生价值目标总体上是积极向上的，人生价值手段是积极进取的，但是在调查中我也应该看到，青少年的实用主义甚至利己主义的价值取向有所上升，生活中庸俗化的理想也有出现，也有人表现出消极退缩的人生态度，这的确是值得我警惕和反思的问题。其实青少年仅是社会的一面镜子，它折射出了整个社会价值取向，青少年的可塑性很强，这就要求每一个教育工作者和孩子身边的家长，甚至是全社会的每一个人，都能用一些高尚的价值观去引导、影响、教育中学生，让他们能看到周围成功者健康的人生经验，能有帮助别人，提高自己的机会，能及时发现和纠正中学生人生价值观念中的偏差，只有这样，青少年的天空才会一尘不染。在调查中我发现，学生受讲求实惠的功利主义态度影响较大，这一方面与市场经济条件下整个社会所呈现出浮躁、急功近利的社会氛围有关，另一方面也体现出青少年学生的心理还不够成熟，缺乏远大的理想与目标。学生追求实惠的人生理想，并认同"竞争""拼搏""效益"等现代意识，从短期看，有一定动力作用，但长期看其负面影响不可低估。在市场经济条件下，社会竞争日益激烈，人的生存压力越来越大，功利、讲求实惠的人生态度必然很有市场，它已成为当今学生文化的一个显著特点。

3．构建高中学生行为文化，形成核心价值观是时代赋予我中学的使命

中国共产党十七届六中全会认为，建设社会主义文化强国，就是要着力推动社会主义先进文化更加深入人心，推动社会主义精神文明和物质文明全面发展，不断开创全民族文化创造活力持续发展、社会文化生活更加丰富多彩、人民基本文化权益得到更好保障、人民思想道德素质和科学文化素质全面提高的新局面，建设中华民族共有精神家园，为人类文明进步作出更大贡献。

学生行为文化作为校园行为文化中的一个重要组成部分，是学生在学校活动中所表现出的特有的价值观念、思维方式、行为规范等，是良好学风、校风形成的基石。行为文化是学校文化的着力点，它不仅记录学生的成长历程，丰富他们的文化生活，而且能够培养学生的创新精神，提高学生的人文素养，熏陶学生的道德情操，为学生提供锻炼的机会和展示风采、增长才干的舞台。行为文化是校园的"活文化"，是校园文化的晴雨表，是所有文化的总折射。它需要全校师生在实践中经过长期艰苦的培育和塑造才能形成。

二、课题的设计

（一）研究目标与研究内容

本课题研究的主要目标：高中学生行为文化的构建的目标就是培育出符合社会主义道德标准和强烈爱国情感、崇尚文明、规范包容的言行习惯、健全的人格和心理品质的优秀中学生，最终形成符合社会主义核心价值观的高中学校核心价值观，从实践和理论层面构建高中学生行为文化，探索出形成学校核心价值观的更为有效的新途径和新方法，寻求高中校园文化建设的内涵式发展。其主要研究内容包括：

1. 高中德育建设与行为文化的关系研究。

2. 传统文化与高中学生行为文化的关系研究。

3. 高中学生行为文化活动设计、目标、评价及最终构建。

4. 学校核心价值观的内涵与形成。

5. 构建高中学生行为文化，形成学校核心价值观。

（二）研究思路和研究方法

本课题的主要研究思路在于：从当前高中学生行为文化现状出发，致力于学生行为文化的构建，使其具有时代特征，进而探索出形成学校核心价值观的更为有效的新途径和新方法，寻求高中校园文化建设的内涵式发展，推进文化塑校战略，促进高中生的个性发展。

本课题采用的研究方法如下：

（一）文献研究法：通过书籍、杂志、学校期刊和网络的相关查阅，搜索资料文献进行整理分析，在前人经验的基础上，确定研究的切入点和定位。

（二）考察访问法：利用课题组成员在全国省、市教育专业学会组织参观考察的机会，重点对省内外校园文化建设成果丰硕、文化传统厚重的中学进行访问考察、材料分析，收集个案研究素材。

（三）个案研究法：通过系统化、全方位、多角度地对我校学生行为文化建设的深入研究，全景式把握学生行为文化的探索与实践。

（四）经验总结法：在研究和实践中，及时进行反思反馈，总结经验，撰写相关课题研究论文及报告，总结归纳学生行为文化与核心价值观理论和实践探索成果。

三、课题研究的实施过程

（一）技术路线、实施步骤

本课题遵循以下研究流程：高中学生行为文化研究→探索高中德育建设与行为文化的关系→探索传统文化与高中学

生行为文化的关系→高中学生行为文化活动设计、目标、评价及最终构建→学校核心价值观的内涵与形成→构建高中学生行为文化，形成学校核心价值观。

（二）课题研究主要实施过程

本课题研究的期限为四年。分为三个阶段：

第一阶段：课题准备阶段（2011年9月—2012年4月），行动研究第一阶段。拟定研究思路，制订研究方案，组织研究队伍，完成课题申报。

主要任务是：培训课题研究人员，落实课题研究任务，启动课题研究工作。这个阶段主要针对课题方案的研讨与落实，采取了自学与讨论相结合的方式，研讨了多篇与课题相关的文献资料，思考今后课题研究的方向，让课题研究的目标性更强，更加便于操作。

第二阶段：课题实施阶段（2012年9月—2015年5月），行动研究第二阶段。召开课题开题会，全面启动课题实验工作，开展相应的调查研究，接受上级指导及中期评估。

1. 校园行为文化的宏观建设

首先，要塑造和谐文明的校风，根据每所中学自身的特点，大力营造严谨、科学、创新等良好的校园风气。在校园树立热爱祖国、决心为建设中国特色社会主义贡献自己全部力量的共同理想和坚定信念，培育自强不息、不怕任何艰难险阻、勇往直前的共同意志和奋斗精神，形成与时俱进、昂扬向上、勇于创新的共同追求和开拓意识。[2]

其次，积极建立相互尊重的现代师生关系，肩负起传道、授业、解惑的任务，以崇高的道德修养和人格魅力影响学生，因此学校应该大力加强师德建设，加强教师师德考核，对师德出众的教师进行奖励和表彰，以促进优良教风的形成。

再次，促进创新优良的学风。加强学风建设，不仅要在学生中提倡好学求知、尊师重道的基本要求，更应该提倡学生提高自我意识，实行自强自律，培养创新精神，形成良好的学习习惯。这就要制定完善中学生行为规范，特别是考试纪律管理，注重加强学习目的和意义的教育。

除此之外，还要大力开展读书活动、学风教育活动等以营造良好的学习氛围。

2．校园行为文化的微观建设

（1）从"表""言""行"入手，抓好学生个体形象

学生是学校的重要载体，学生个体形象的好坏直接影响学校的整体面容面貌，因此我校将重点从学生的"表"文化（仪容仪表）、"言"文化（言谈举止）、"行"文化（行为规范）三方面来整改学生的个体形象，提升学生素养，促进校园形象文化建设。

（2）采取移动课堂教学模式，陶冶学生情操

积极开展健康有益的社会实践活动，是学生行为文化建设的重要阵地。每期采取"移动课堂教学"模式，组织学生走出学校，进军营、到工厂、下农村、深入社会各个领域，开展社会实践学习和远足活动。让学生在活动中受教育、在实践中受锻炼，在体验中培养学生的意志品质，加强对学生进行"生存教育"，丰富学生的课外生活。

（3）以学生社团为载体，培养高素质人才

为加强素质教育，丰富课余文化生活，提倡正当娱乐，培养学生的自主能力，增进学生身心健康，激发学生潜能，培养高素质的学生，学校要高度重视社团发展，关注学生社团的实践活动，使社团发展由兴趣期、困惑期、调研期、独立期逐步过渡到发展期、特色期，涌现了多个明星社团，调动了学生的积极性，为学生们提供了一个个课余施展才华的舞台。

3．构建核心价值观视野下高中学生行为文化，进行实践与理论的升华

第三阶段：总结与结题阶段（2015年6月----2015年9月）。整理分析研究材料、撰写研究报告、申请课题结题。

四、课题研究的结果及分析

（一）课题研究的结果

本课题基于"高中学生行为文化"现状，结合学校实际，培育出具有良好行为习惯和文化内涵的中学生，最终形成符合社会主义核心价值观的高中学校核心价值观。

1.本课题研究的"核心价值观"是指包括马克思主义指导思想、中国特色社会主义共同理想、以爱国主义为核心的民族精神和以改革创新为核心的时代精神、社会主义荣辱观四个方面基本内容的社会主义核心价值观，并以此为指导对本校发展、学校生活的方方面面发挥全面辐射作用的核心价值观。一所学校的核心价值观是学校全体师生对本校发展方向、人才培养规格、教学方式等重要问题所共有的理解与选择，

是指导学校日常运作和组织发展的基石和核心。

2.本课题研究的"行为文化"是指高中学生在学习锻炼中用实际行动来体现和实践校园文化,它强调学生是行为文化的主体,是高中学生在学校学习、生活的各种行为中所表现出的精神状态、行为、规模和文化品位,它是学校精神、价值观和办学理念的动态反映。

3.构建核心价值观视野下高中学生行为文化,就是以社会主义核心价值观为指导,结合高中学生生理、心理特点,营造高中学生行为文化。高中学生行为文包括自由、民主、平等的课堂行为文化,和谐、友善的课外行为文化,法治、诚信的德育行为文化和爱国、文明的社会实践文化。构建高中学生行为文化,形成学校核心价值观是一个日积月累,不断完善的系统工程。要注意长远规划与近期安排相结合,常规工作与重点工作相结合,基础理论研究与行为实践相结合,从大处着眼,从细节入手,稳步抓紧抓好校园行为文化建设,使其形成学校的核心价值观。

(二)课题研究的成效、辐射及影响力

通过本课题的研究,我已经初步从理论和实践层面构建高中学生行为文化,探索出形成学校核心价值观的更为有效的新途径和新方法,其研究成果和成功经验对广大高中学校的校园文化建设会有很强的指导意义和推广价值。

1.理论成果丰富。

本课题发表了两篇核心论文,其中《论构建核心价值观视野下高中学生行为文化》发表在 2015 年 6 月《湖南科技学院学报》,《论校园行为文化建设与学校核心价值观的形成》一文发表在湖南科技大学期刊社编辑出版的《当代教育理论与实践》2015年第6期。

主要的理论观点有:(1)构建核心价值观视野下高中学生行为文化,就是以社会主义核心价值观为指导,结合高中学生生理、心理特点,营造高中学生行为文化。高中学生行为文包括自由、民主、平等的课堂行为文化,和谐、友善的课外行为文化,法治、诚信的德育行为文化和爱国、文明的社会实践文化。(2)校园行为文化建设与学校核心价值观的形成。从当前的教育教学实践来看,校园行为文化建设,无论是宏观建设还是微观建设均对学校核心价值观的形成具有不可忽视的意义。校园行为文化建设为学校核心价值观的形成提供土壤,学校核心价值观为校园行为文化建设提供思想指导。

2. 实践成果显著

在实践上,构建核心价值观视野下高中学生行为文化,就是以社会主义核心价值观为指导,结合高中学生生理、心理特点,营造高中学生行为文化。高中学生行为文包括自由、民主、平等的课堂行为文化,和谐、友善的课外行为文化,法治、诚信的德育行为文化和爱国、文明的社会实践文化。构建高中学生行为文化,形成学校核心价值观是一个日积月累,不断完善的系统工程。要注意长远规划与近期安排相结合,常规工作与重点工作相结合,基础理论研究与行为实践相结合,从大处着眼,从细节入手,稳步抓紧抓好校园行为文化建设，使其形成学校的核心价值观。

我校在学生行为文化建设方面，一是着力于诚信教育。二是主张自主教育。三是加强感恩教育。教育学生应懂得感恩，因为懂得感恩的学生才知事、懂事、理解与尊重人。经常性组织学生助残帮困捐款捐物等献爱心活动中，宣扬了"一方有难，八方支援"中华民族美德，对学生进行生动的爱心教育。此外，还教育学生要懂得对环境的感恩，懂得珍惜环境，树立绿色环保意识。四是注重好学力行。教育要学生以学为本、要学以致用，努力做到"知行合一"；帮助学生发现自己，肯定自己，体验每天有进步和成功的快乐。五是关注特长教育。在知识经济的时代中，人应该有自己的特长。为此我校每周一下午组建开设有书法、舞蹈、棋类、科技、趣味数学、快乐英语、写作、球类等13个兴趣小组。通过清明节、感恩节、植树节、教师节、母亲节以及五·四、七·一、九·一八、十·一、一二·九等特殊节日对学生进行教育，通过开展校园节日文化活动，传承传统文化，将"思想美、行为美、健康美、心理美"等观念渗透到学生的内心，帮助学生树立正确的价值观和道德观。另外我校传统的"一二三四"活动德"育工程也是有声有色。即组织好每年一次的"远足雨母山"；打造两个活动月："学雷锋活动月"与"读书活动月"；办好三个节：科技文化节、合唱节、体育节；举行四项比赛：校园歌手大赛、演讲比赛、主持人大赛、英语口语比赛。

课题研究成效显著。得到了省教科院、市教育局的充分肯定，市教育局信息网专题介绍了我校的课题研究；山东课改专家何玖明老师对一中的课题给与了高度评价，《衡阳日报》、《衡阳晚报》对我校的课题研究作了专题报道。《中国教育报》对我校作了题为《饮誉三湘树丰碑，打造品牌铸名校》的专题报道，《湖南日报》作了题为《高中教育的领跑者》的专题报道，《科教新报》作了题为《借船山之剑造教育之鼎》的专题报道，《衡阳日报》作了题为《奇迹是这样创造的》的专题报道。

课题研究成了我校的金字招牌。课题研究引来东北师大附中、佛山市三中、成都七中等50多所全国知名中学校长到我校参观学习。2013年3月，我校与长郡中学签署了合作协议，结为"姊妹校"。合作以来，两校就课题研究开展了一系列的交流活动。课题研究助力我校于今年成功申报湖南省第三批教育科学基础教育研究基地。今年衡阳市委书记李忆龙、市长周海冰、副市长周宾辉、教育局长周法清等领导先后来我校视察调研。

课题研究培养了一批名师。2013年10月19日，湖南省基础教育资源建设与应用周慧颖名师网络工作室正式挂牌于衡阳市一中。

课题研究辐射力强。通过课题辐射，设立子课题单位，把衡阳市六中纳入"衡阳市一中青化山分校"，输出课题研究及课改成果、办学理念、管理模式等，促使教科研力量薄弱、教学效果不太好的市六中正走在摆脱困境、快速发展的道路上。

参考文献：

[1] 吴成浩.《学生管理百科全书》宁夏大地出版社，2003年

[2] 王邦虎.《校园文化论》人民教育出版社，2000年

[3] 刘国才.《创新教育概论》电子科技大学出版社，2003年

[4] 桂建生、胡国强.《人的发展教育论》岳麓书社，2002年

[5] 黄耀红.《百年中小学文学教育史论》湖南师大出版社，2008年

[6] 编委会.《最新中小学校园文化建设管理与达标考核指导全书》中国教育出版社，2006年

[7] 朱建华.《学校文化管理的思考与实践》高等教育出版社， 2011

[8] 袁先潋.《学校文化力建设策略》西南师范大学出版社，2009年

[9] 李继星.《现代学校管理与制度创新的理论与实践》天津教育出版社，2008年

[10] 教育部人事司.《学校管理理论与实践》北京师范大学出版社，2002年

[11] 刘济良.《青少年价值观教育研究》广东教育出版社，2003年

[12] 袁贵仁.《价值观的理论与实践：价值观若干问题的思考》北京师范大学出版社，2006年

[13] 陈亚杰.《建设社会主义核心价值体系》人民出版社，2007年

[14]董治君.《新时期德育途径与方法研究》中央编绎出版社，2001 年

文化铸就百年名校

湖南省示范性高中、全国特色学校、中国教育综合实力百强中学衡阳市一中创建于1884年，前身为船山书院，至今已经有131年的办学历史，学校现有65个教学班，学生4000余人，教师245人，其中特级教师10名，高级教师91名，外籍教师4名。一个多世纪以来，学校培育了一大批优秀人才，如有"旷代逸才"之称的杨度，大学者谢彬，原中央委员、中共中央政策研究室主任滕文生，全国人大外事委员会原副主任周觉，国家教育部原副部长周远清，中国工程院院士方智远，著名水稻研究专家曹希之等。

一百多年来，学校的文化积淀呈现出如下特点：1.厚重、博大的船山文化闪烁着智慧的光芒；2.先进的理念文化引领着"一中人"驶向辉煌的彼岸；3.优雅的环境文化陶冶着师生的心灵；4.丰富的文化活动奏响文明、和谐之歌。

一、船山文化

学校以船山文化为内核。在船山先生的教育哲学中，一直倡导"因人而进之""因材而调养之"，主张"夫教之为术也，或顺而成之，或逆而矫之，或诱之以易从，而生其慕道之切；或困之以难得，而起其奋发之深：盖亦多术矣。"

船山先生的教育思想，它凸显的是一种人本主义精神，所追求的是学生的个性自由与发展，其教育思想是为充分展示学生的潜能而设定的，体现的是一种承认受教者的主体地位的服务精神。这种教育思想如燎原之火，虽然学校校址几经变迁，校名几度更改，历经一百多年，但船山风骨一直薪火相传，船山文化一直绵亘到今天。现在学校设立专门的船山文化研究团队，设置了"船山大讲坛"，编辑了《王船山》校本教材。

校园环境文化建设充满自然灵气、艺术雅气、文化真气，文化石、文化墙、楹联文化等处处折射船山思想，给师生以高雅的熏陶。

二、理念文化

学校的办学理念是"教育即是服务"。当代教育专家指出，教育的本质是为人的成长服务，为人的全面发展服务，为人的未来服务。教育应回归原点——人。现在学校坚定了一个认识，"教育即是服务"，最大限度地创造适合学生的教育，让学生在一中得到更好的发展，为学生的教育量体裁衣，尽可能地个别化、个性化。为此学校提出了"扁平化"的管理模式——学校的管理好比一个同心圆，圆心是学生，外圈是教师，最外围的才是领导。和这个同心圆的结构一样，领导为教师服务，教师为学生服务，二线为一线服务。

三、班级文化

显性文化：室内要求洁、净、美，班级有班名、班徽、班训、励志榜、班级誓词、班级格言、班主任寄语等。

精神文化：以培养优良的班风、培养班级的凝聚力和集体荣誉感、培养学生如何做人、营造和谐的班级人际关系为主要手段。

制度文化：以班规为行动指南，确定纪律、卫生、德育、学习、体育各项标准，并且辅之以品德考核暨纪律量化标准，使对学生日常行为规范评价规范化、具体化和制度化。

四、课程文化

课程文化是育人的主要平台，也是学生分层发展的重要渠道。学校确定德育课程的四大领域，即心理健康、道德行为、法律意识、国情教育；围绕德育课程的整体框架，自主开发校本德育教材，依托主题班会课、每天新闻10分钟等平台，给学生传播正能量，校本课程开发坚持以《中共中央、国务院关于深化教育改革全面推进素教育的决定》和《基础教育课程改革纲要（试行）》为指导，依据《湖南省教研课题规划》，学校主要有"课程整合、课程新编和课程选择"三种。在语言与文学领域：增设了语文阅读、语文听读、英语文化、英语听读等校本课程；在数学领域：增设了生活数学校本课程；在人文与社会领域：增设了品德与心理等校本课程；在艺术领域：增设了书法等校本课程。同时学校拥有六大主题活动课程：体育文化节、艺术节、英语文化节、心理文化节、科技节、人文节。

五、激励文化。

学校的激励文化也就是能满足师生的精神需要和价值需要，使师生产生归属感、引以为豪的成就感和得到尊重的敬重感，充分挖掘和发挥他们的潜力。

1.开展宣誓活动，每年七一前夕，开展共产党员重温入党誓词活动，每年教师节开展教师宣誓活动。

2.学校设立"衡阳市一中教师荣誉系列"评选活动。通过评选骨干教师、名师、十佳教师、教学能手、课改先锋、书香教师、师德标兵、服务标兵、我最喜欢的老师等系列荣誉激励和目标激励、制度激励、情感激励、榜样激励等，构建适合教师的激励文化有利于调动教师的积极性，激发教师潜在的能量，有利于教师教育教学能力的提高，发挥出巨大的热情，形成"身正、爱生、博学、高效、创新"的教风。

3.建立高中学生发展性激励评价体系。全面考察学生的学业情况和综合素质发展情况，把学生的创新精神、实践能力、个性发展和健全人格作为评价的重点，通过激励性评价促进学生全面而有个性地发展。在高三年级开展"成人仪式宣誓活动"；为让学生学会感恩，在母亲节开展"我为母亲做一件有意义的事"的活动；为高三学生减压，在高三年级召开"欢乐运动会"；为加强爱的教育，开展"我为山区孩子献爱心"活动，学校先后向常宁塔山中学、衡阳县牌楼中小学、衡南县敏东小学等捐赠书籍、文具、衣服等；每学期评选一次"文明班级""文明示范生"和"进步之星"，每年评选一次文学之星、科技之星、劳动之星等各类"星级学生"；创新学习小组评价机制，实行晋级制，如星级晋升，培养他们的集体荣誉感和责任感，有效的促进了学生良好行为习惯的养成。

4.完善教科研奖励机制。学校鼓励德育工作者结合学校的德育实际进行课题研究。学校课题《基于有效学习模式下的普通高中学生学习激励制度的构建》获省"十二五规划"立项课题，《核心价值观视野下的普通高中学生行为文化的构建》及《王船山教育思想的实践研究》获省"十二五规划"重点立项课题。学校积极推进教师的培训，培训是最大最好的福利。学校采取外出学习和本校培训的两个途径，每年均有教师参加国培，每年参加省、市培训不少于60人次，到外校交流不少于100人次，如近两年我校均派出教师到山东昌乐二中、长郡中学学习交流，开拓了老师的眼界，对教师素质的提高有极大的帮助。

六、主题文化。

学校通过清明节、感恩节、植树节、教师节、母亲节以及五·四、七·一、九·一八、十·一、一二·九等特殊节日对学生进行教育，通过开展校园节日文化活动，传承传统文化，将"思想美、行为美、健康美、心理美"等观念渗透到学生的内心，帮助学生树立正确的价值观和道德观。另外我校传统的"一二三四"活动德育工程也是有声有色，即组织好每年一次的"远足雨母山"；打造两个活动月："学雷锋活动月"与"读书活动月"；办好三个节：科技文化节、合唱节、体育节；举行四项比赛：校园歌手大赛、演讲比赛、主持人大赛、英语口语比赛。

中央宣传部宣教局道德处处长曾建立一行来衡阳市一中调研

2017年11月17日上午10时，中央宣传部宣教局道德处处长曾建立一行来到衡阳市一中就"如何深入推动社会主义核心价值观建设，培养担当民族复兴大任的时代新人"这一课题进行调研。湖南省委宣传部宣教处副处长谢青、衡阳市委宣传部副部长谭崇恩、衡阳市一中党委书记罗光伟、衡阳市委宣传部宣传科科长王晓策、衡阳市委宣传部未成年人思想道德建设科科长刘海英、衡阳市委宣传部宣传科副科长刘晨曦、衡阳市委宣传部未成年人思想道德建设科副科长杨冰等领导陪同调研。

市一中党委书记罗光伟就学校如何将社会主义核心价值观贯穿育人全过程向调研组作了简明扼要的汇报，并陪同曾建立一行参观了学校社团活动宣传长廊、未成年人思想道德教育宣传长廊、廉政教室、心理辅导站等传播社会主义核心价值观的阵地，曾建立一行边看边听，还不时提问，整个调研过程紧凑而高效。

曾建立一行对学校依托"十二五"省级规划立项重点资助课题《核心价值观视野下的高中学生行为文化的构建》构建校园行为文化，为学校核心价值观的形成提供土壤；狠抓养成教育，让学生将社会主义核心价值观内化于心；加强心理健康教育，积极培育和践行社会主义核心价值观等举措给予了充分肯定和赞赏。

后记

　　新的时代，呼唤新的思维。新的理念，需要新的实践。社会主义核心价值观的提出，给予了教育发展全新的内驱力，让教育有了正确的方向和正面的指引。高中学生在接受学校教育期间在学习、生活活动中应该具有的社会主义价值观念、思维方式、行为规范等，这种以社会主义价值观念为指导形成的行为文化，是良好学风、校风形成的基石，也是学校所有文化的集中体现。

　　构建核心价值观视野下高中学生行为文化，即以社会主义核心价值观为指导，结合高中学生生理、心理特点营造高中学生行为文化，包含课堂行为文化、课外行为文化、德育行为文化和社会实践文化。社会主义核心价值观，这二十四个字涉及国家、社会、公民个人三个层面，每个层面有八个字。校园行为文化，是在教育系统中长期形成的并通过校园主体的活动而展示出来的文化形态的总和。从当前的教育教学实践来看，校园行为文化建设，无论是宏观建设还是微观建设均对学校核心价值观的形成具有不可忽视的意义。需从"言""行"入手，抓好学生个体形象，采取移动课堂教学模式，陶冶学生情操，以学生社团为载体，培养高素质人才。校园行为文化建设为学校核心价值观的形成提供土壤，学校核心价值观为校园行为文化建设提供思想指导，基础理论研究与行为实践相结合，从大处着眼，从细节入手，稳步抓紧抓好校园行为文化建设，使其形成学校的核心价值观。

《核心价值观视野下的高中学生行为文化的构建》课题发表了两篇核心论文，其中《论构建核心价值观视野下高中学生行为文化》发表在2015年6月《湖南科技学院学报》，《论校园行为文化建设与学校核心价值观的形成》一文发表在湖南科技大学期刊社编辑出版的《当代教育理论与实践》2015年第6期。

在实践上，构建核心价值观视野下高中学生行为文化，就是以社会主义核心价值观为指导，结合高中学生生理、心理特点，营造高中学生行为文化。高中学生行为文包括自由、民主、平等的课堂行为文化，和谐、友善的课外行为文化，法治、诚信的德育行为文化和爱国、文明的社会实践文化。

学校以创"单元板块文化"为基点，多层次、立体化构建优美高雅的学校环境文化，并逐步开发深层内涵。校园整体环境的绿化、美化、人文化，对学校各功能区进行系统设计规划，确定主题，进行全面文化氛围的营造。包括广场、大厅、走廊、教室、办公室的文化布置、学校文化墙、橱窗及文化雕塑等，努力打造"园林式"校园，使校园鲜花争艳，塑像、石块交相辉映，使人赏心悦目。通过青年教师座谈会、重阳节座谈会、各种形式的文体比赛、活动，营造浓厚温馨的家庭氛围，不断激励全体教职工奋发向上工作热情和工作干劲。

班级文化。以班训为主题，以班训和教师寄语为引领，以班级每月一个主题的板报评比为阵地，以守则、规范，名人名言警句，及班级学习、生活等各种园地板块为依托，形成整洁、愉悦、明快的班级氛围，让每一个学生在文明、高雅、欢快的空间学习、生活、成长。其次通过走廊文化，宿舍文化，升旗文化，餐厅文化，节日文化，团队文化，办公室文化，教师文化，网络文化，校史文化等等。用艺术的眼光看生活，用生活的艺术感染人。倡导交流活动，开展国际交流，学校间交流，以交流促进发展，和谐生希望，共谱建设歌。

学校以船山文化为内核。在船山先生的教育哲学中，一直倡导"因人而进之""因材而调养之"，主张"夫教之为术也，或顺而成之，或逆而矫之，或诱之以易从，而生其慕道之切；或困之以难得，而起其奋发之深：盖亦多术矣"。船山先生的教育思想凸显的是一种人本主义精神，追求的是学生的个性自由与发展，其教育思想是为充分展示学生的潜能而设定的，体现的是一种承认受教者的主体地位的服务精神。现在学校设立专门的船山文化研究团队，设置了"船山大讲坛"，编辑了《王船山》校本教材。校园环境文化建设充满自然灵气、艺术雅气、文化真气，给师生以高雅的熏陶。

构建自由民主平等的课堂行为文化"345高校课堂"，和谐友善的课外行为文化，通过社团艺术展演，福利院爱心活动，法治诚信的德育行为文化打造诚信文化基地，培养美德少年，爱国文明的社会实践文化，通过每学期的远足、国防教育，研学旅行，升旗仪式等。

《核心价值观视野下的高中学生行为文化的构建》课题研究成果在第四届湖南省基础教育教学成果奖评选活动中，荣获二等奖。该成果在应用一定时间后能基于"高中学生行为文化"现状，结合学校实际、培育出具有良好行为习惯和文化内涵的中学生，最终形成符合社会主义核心价值观的高中学校核心价值观，最终能使学生成绩能得到较大提高，学校连年获得衡阳市高中教育质量先进单位及突出贡献奖。

　　该成果的应用扩大了学校的影响力。通过研究在全国省市报刊杂志共发表有关论文40余篇。课题辐射到衡阳市六中、衡阳县江山学校、祁东县育英学校、湘西花垣民族中学、新疆鄯善县二中，东北师大附中等50多所全国知名中学校长到我校参观学习，学校先后成为全国创新人才培养基地、全国足球特色学校、全国国防教育特色学校、湖南省青少年研究基地、湖南省教育科学高中高效课堂研究基地、湖南省文明标兵单位、衡阳市文明校园、衡阳市诚信文化基地等，全国十多家著名高校把学校列为生源基地。

　　该成果的应用得到了领导的关注和媒体的追捧。2017年11月17日，中央宣传部宣教局道德处处长曾建立一行来到学校就"如何深入推动社会主义核心价值观建设，培养担当民族复兴大任的时代新人"这一课题进行调研。曾建立一行对学校依托课题构建校园行为文化，为学校核心价值观的形成提供土壤；狠抓养成教育，让学生将社会主义核心价值观内化于心；加强心理健康教育，积极培育和践行社会主义核心价值观等举措给予了充分肯定和赞赏。

衡阳电视台、衡阳都市频道等多家本地媒体特为我校作了长篇专题报道——《新一中现象》。《衡阳日报》《衡阳晚报》对成果作了专题报道，《中国教育报》对我校作了题为《饮誉三湘树丰碑，打造品牌铸名校》的专题报道，《湖南日报》作了题为《高中教育的领跑者》的专题报道，《科教新报》作了题为《借船山之剑造教育之鼎》的专题报道，《湖南日报》全文刊发了学校的研究报告。